SAISONAL · 100 Rezepte · EINGEMACHT

★ natürlich ★

selbst gemacht

FEINES AUS DER SPEISEKAMMER

EMF

EIN BUCH DER
EDITION MICHAEL FISCHER

Für meine Söhne Antoine, Raphael und Martin,
meine liebevollen Kritiker ...
Ich danke sehr Corinne Cesano, meiner begeisterten
Redakteurin, und Diane Monserat für diese erste nette
Zusammenarbeit.
Ein großes Dankeschön an Nanou aus Digne-les-Bains
für ihr unvergessliches Walnusswein-Rezept

INHALT

EINLEITUNG

Kirschen an Weihnachten, das Aroma vollreifer Tomaten oder Pfirsiche im tiefsten Winter, Erdbeeren genießen, während der Garten unter einer Schneedecke ruht, und obendrein das ganze Jahr überall die leuchtenden Farben der Sommermärkte auf den Regalen: Mit einem kleinen Vorrat an Eingemachtem und Eingelegtem ist all dies möglich.

Konservierungsmethoden mit Zucker oder Essig, Salz, Öl oder Alkohol sind seit Langem bekannt, weil man früher, als es reichlich Obst und Gemüse gab, nichts verkommen lassen wollte. Die Erntezeit war kurz, zum Vorbereiten blieb nicht viel Zeit, und es mussten so große Mengen verarbeitet werden, dass das Vergnügen dabei oft zu kurz kam.

Heute lässt sich vieles in Einmachgläsern konservieren, die noch dazu hübsch aussehen. Einmachen und Einlegen ist kein Muss mehr, sondern eine wundervolle Freizeitbeschäftigung. Selbst Sterilisieren ist nicht mehr nötig, denn heutzutage kann man kleine Mengen für den sofortigen Verzehr vorbereiten.

Neben Großmutters Konfitüren gibt es inzwischen Chutneys, süß-saure Rezepturen mit interessanten Gewürzen, die die Briten einst aus Indien mitbrachten und die mit Zucker und Essig konserviert und haltbar gemacht werden. Die herrlichen Einmachgläser mit nach italienischer Art eingelegtem Gemüse sind immer wieder eine Augenweide. All diese Rezepte können Sie hier und jetzt mit diesem Buch ausprobieren. Kreieren Sie eigene Kombinationen und neue Gewürzessenzen oder originelle, exotische Mischungen. Ein, zwei Gläser der Köstlichkeiten genügen ... Bestimmt werden Sie süchtig danach und machen immer wieder welche!

ESTRAGONESSIG

FÜR 50 CL

VORBEREITUNG
15 Min.

KOCHZEIT
3 Min.

ZIEHZEIT
2–3 Wochen

ZUTATEN
1–2 Stängel Estragon

50cl Apfel- oder
Weißweinessig

| Estragonblätter vorsichtig zwischen den Fingern zerreiben, damit sich das Aroma entfaltet, und in ein sterilisiertes Einmachglas geben.

| Essig in einem Edelstahltopf auf 40 °C erhitzen und über den Estragon gießen.

| Das Einmachglas luftdicht verschließen und mehrmals hin- und herdrehen. Kühl und dunkel 2 bis 3 Wochen ziehen lassen.

| Durch ein Trichtersieb direkt in eine Flasche abseihen und diese mit einem Kork- oder Plastikstöpsel verschließen.

HALTBARKEIT | 2 Jahre

MANGOESSIG

FÜR 50 CL

VORBEREITUNG
30 Min.

KOCHZEIT
5 Min.

ZIEHZEIT
8 + 8 Tage

ZUTATEN
1 Mango, etwa 400g

50cl Apfel- oder
Weißweinessig

| Die Mango schälen, entsteinen und das Fruchtfleisch würfeln.

| Die Hälfte des Essigs in einem rostfreien Topf aufkochen. Mangowürfel hinzufügen und bei niedriger Hitze 5 Minuten köcheln lassen. Vom Herd nehmen und abkühlen lassen. Das Fruchtfleisch rasch zu Mus verrühren.

| Zusammen mit dem restlichen Essig in ein sterilisiertes Einmachglas füllen und dieses luftdicht verschließen. 8 Tage an einem kühlen Ort ziehen lassen, gelegentlich schütteln.

| Durch ein Trichtersieb abseihen und in eine Flasche abfüllen. Luftdicht verschließen. Weitere 8 Tage an einem kühlen Ort ziehen lassen.

| Noch einmal filtern, falls sich in der Flasche Bodensatz gebildet hat. Flasche nicht schütteln, damit der Bodensatz nicht aufgewirbelt wird. Wieder verschließen. Kühl und dunkel aufbewahren.

HALTBARKEIT | 1 Jahr

FÜR 50 CL

VORBEREITUNG
20 Min.

KOCHZEIT
10 Sek.

ZIEHZEIT
3 Wochen

ZUTATEN
1 Stängel Estragon

10 Stängel Schnittlauch

1 Stängel Petersilie

2 Pfefferkörner

50cl Olivenöl vergine
oder Sonnenblumenöl

ÖL MIT **GARTENKRÄUTERN**

| Kräuter unter kühlem Wasser abspülen und abtropfen lassen.

| Eine große Schüssel mit Eiswasser vorbereiten. Kräuter 10 Sekunden in einen Topf mit kochendem Wasser und danach sofort ins eiskalte Wasser tauchen. Auf einem Lappen oder 2 Lagen saugfähigem Küchenpapier ausbreiten und vorsichtig trocken tupfen. Mit Küchengarn zu einem kleinen Sträußchen zusammenbinden und die Stielenden abschneiden.

| Das Kräutersträußchen zusammen mit den Pfefferkörnern in eine sterilisierte Flasche schieben und diese mit Öl auffüllen. Vor dem Verzehr kühl und dunkel 3 Wochen ziehen lassen.

HALTBARKEIT | 1 Jahr

FÜR 50 CL

VORBEREITUNG
15 Min.

KOCHZEIT
2 Min.

ZIEHZEIT
2 Wochen

ZUTATEN
6 schöne Knoblauch-
zehen

ein paar Provence-
Kräuter (nach Belieben)

50cl Olivenöl

KNOBLAUCHÖL

SO LÄSST SICH DAS ÖL AROMATISIEREN, OHNE DASS DER ROHE KNOBLAUCH DARIN ZIEHEN MUSS. LUFTDICHT ABGESCHLOSSEN, KÖNNTE ER SONST ZIEMLICH GEFÄHRLICHE GIFTSTOFFE PRODUZIEREN.

| Die Knoblauchzehen schälen, 2 Minuten in kochendes Wasser geben, auf einem Lappen abtropfen lassen und gut trocken tupfen.

| Knoblauch und Kräuter in eine sterilisierte Flasche füllen und gut mit dem Öl bedecken. Flasche luftdicht verschließen und vor dem Öffnen an einem kühlen, dunklen Ort 2 Wochen ziehen lassen.

HALTBARKEIT | 1 Jahr

FRÜHLING

MÖHREN SÜSS-SAUER

FÜR 2 EINMACH-GLÄSER À ETWA 40 CL

VORBEREITUNG
30 Min.

KOCHZEIT
2 Min.

ZIEHZEIT
24 Std. + 1 Woche

ZUTATEN
1 kg Möhren

100 g Fleur de Sel

2 Knoblauchzehen

100 g brauner Zucker

40 cl Weißweinessig

2 TL gemahlener Zimt

1 TL gemahlener Koriander

1 TL Thymian

½–1 kleine rote getrocknete Pfefferschote (nach Belieben)

SERVIEREN SIE DIE MÖHREN ZUSAMMEN MIT ANDEREN ORIENTALISCH ANGEHAUCHTEN KULINARISCHEN KLEINIGKEITEN (KICHERERBSENSALAT, AUBERGINENKAVIAR, MARINIERTE PAPRIKASCHOTEN) ALS VORSPEISE EINES ENTSPRECHENDEN THEMENGERICHTS.

| Möhren schälen, abspülen und abtrocknen. In etwa 3 cm dicke Scheiben schneiden.

| Im Wechsel mit dem Fleur de Sel in einen tiefen Teller schichtweise übereinanderlegen. Mit einem zweiten Teller beschweren und 24 Stunden Flüssigkeit ziehen lassen.

| Knoblauchzehen schälen, mit dem Rohrzucker, 10 cl Essig, den Gewürzen und der Pfefferschote in einem Topf bei ganz niedriger Hitze erwärmen. Dabei immer wieder umrühren, bis sich der Zucker restlos aufgelöst hat. Vom Herd nehmen und abkühlen lassen.

| Die Masse mit dem restlichen Essig vermischen.

| Möhren in ein Sieb geben und das Salz unter fließendem Wasser gründlich abspülen. Abtropfen lassen und trocken tupfen.

| Das Einmachglas bis 3 cm unter den Rand mit Möhren füllen und großzügig mit dem gezuckerten und gewürzten Essig bedecken. Luftdicht verschließen und kühl stellen. Vor dem Verzehr 1 Woche ziehen lassen.

HALTBARKEIT | 6 Monate; sterilisieren möglich

KLEINE **ARTISCHOCKEN** IN ÖL

FÜR 1 EINMACHGLAS VON 75 CL BIS 1 L

VORBEREITUNG
30 Min.

KOCHZEIT
10 Min.

ZIEHZEIT
8 Tage

ZUTATEN
Saft von 1 Zitrone

12 kleine Artischocken
(z. B. Sorte Poivrade)

10 cl Weißweinessig

½ EL Salz

etwa 50 cl Olivenöl

DIE KLEINEN ARTISCHOCKEN DER SORTE POIVRADE WERDEN GEERNTET, BEVOR SIE AUF IHREM BLÜTENBODEN DIE STAUBGEFÄSSE, DAS SOGENANNTE HEU, ENTWICKLT HABEN. SO KANN MAN SIE GANZ ESSEN; SIE ZERGEHEN AUF DER ZUNGE UND SCHMECKEN SEHR AROMATISCH.

| Den Zitronensaft mit 1 Liter kaltem Wasser in eine Schüssel geben.

| Die harten Außenblätter der Artischocke großzügig entfernen, Blattreste mit einem kleinen scharfen Messer rund um den Stielansatz abschneiden. Den Stiel bis auf 1 oder 2 cm abbrechen und das obere Drittel des Blütenkopfs abschneiden.

| Artischocken je nach Größe ganz lassen, halbieren oder vierteln und nacheinander ins Zitronenwasser legen.

| 1 Liter Wasser mit Essig und Salz aufkochen.

| Artischocken abgießen, ins kochende Wasser legen und 10 Minuten garen. Mit einer Schaumkelle herausheben, auf einem Tuch ausbreiten und ganz abkühlen lassen.

| Das Einmachglas abwechselnd mit den Artischocken und Olivenöl füllen. Mit Öl abschließen, Einmachglas verschließen und kühl stellen. Vor dem Verzehr 8 Tage ziehen lassen.

HALTBARKEIT | kühl gelagert 6 Monate

PICKLES **AUS KLEINGEMÜSE**

FÜR 4 EINMACH-
GLÄSER À 30 CL

VORBEREITUNG
30 Min.

KOCHZEIT
8–10 Min.

ZIEHZEIT
24 Std. + 1 Monat

ZUTATEN
1 kg Kleingemüse zu
gleichen Teilen: Möhren,
Blumenkohl, Silberzwie-
beln, grüne Tomaten
und Mini-Salatgurken

grobes Salz

etwa 50 cl Weißweinessig

50 g Feinzucker

4 Gewürznelken

1 TL Senfkörner

1 TL Korianderkörner

1 TL Piment

½ TL Pfefferkörner

IN WECHSELNDEN FARBEN EINGESCHICHTET, SEHEN DIE VERSCHIEDENEN GEMÜSESORTEN IM GLAS BESONDERS HÜBSCH AUS. NATÜRLICH KÖNNEN SIE DIE GLÄSER AUCH MIT NUR EINER GEMÜSESORTE BEFÜLLEN.

| Gemüse putzen. Je nach Art in Scheiben oder Stücke schneiden. Den Blumenkohl in ganz kleine Röschen zerteilen.

| Gemüsestücke in einen tiefen Teller legen, mit grobem Salz bestreuen und 24 Stunden ruhen lassen. Anschließend in ein Sieb geben und das Salz unter fließendem Wasser gründlich abspülen. Abtropfen lassen.

| Den Essig mit Zucker und 50 cl Wasser in einem rostfreien Topf unter gele-gentlichem Rühren erhitzen. Sobald sich der Zucker restlos aufgelöst hat, die Flüssigkeit aufkochen und 5 Minuten sprudelnd kochen lassen.

| Vom Herd nehmen, sämtliche Gewürze hinzufügen und bis zum völligen Erkalten abkühlen lassen.

| Die Gemüsestückchen in die Gläser füllen, reichlich mit der Essigmischung bedecken. Gläser verschließen und an einem trockenen, kühlen und dunklen Ort mindestens 1 Monat ziehen lassen.

HALTBARKEIT | 1 Jahr

PICCALILLY

DIE IN DIESEM REZEPT ANGEGEBENEN ZUTATENMENGEN ERGEBEN EINE GESCHMACKLICH AUSGEWOGENE, SÜSS-SAURE WÜRZE. FÜR MEHR SCHÄRFE KÖNNEN SIE BIS ZUR DOPPELTEN MENGE SENF UND INGWER, DAFÜR ABER NUR ETWA HALB SO VIEL ZUCKER VERWENDEN.

FÜR 4 EINMACH-GLÄSER À 70 CL

VORBEREITUNG
30 Min.

KOCHZEIT
etwa 15 Min.

ZIEHZEIT
12 Std. + 1 Monat

ZUTATEN
1,2 kg junges Gemüse zu gleichen Teilen: Blumenkohl, Möhren, kleine Rettiche, Salatgurken oder Zucchini, grüne Bohnen

3 EL Fleur de Sel

2 EL Senfpulver

1 EL Kurkuma

1 EL Ingwerpulver

150 g Feinzucker

75 cl Apfelessig

1 ½ EL Speisestärke

| Gemüse je nach Art schälen oder zerteilen und klein würfeln, wie für einen Fruchtsalat. Den Blumenkohl in winzige Röschen zerpflücken. In einer Schüssel mit dem Fleur de Sel vermengen und zugedeckt über Nacht ziehen lassen.

| Am nächsten Tag in ein Sieb geben und das Salz unter fließendem Wasser gründlich abspülen. Abtropfen lassen.

| Senfpulver, Kurkuma, Ingwer und Zucker in einem Topf vermischen, nach und nach unter Rühren den Essig dazugießen. Alles bei niedriger Hitze erhitzen und den Zucker unter stetigem Rühren auflösen. Anschließend aufkochen.

| Gemüse hinzufügen, vermischen und 10 Minuten bissfest garen.

| Stärke in einer Tasse kaltem Wasser auflösen, in den Topf geben und bei niedriger Hitze 2 Minuten unter fortwährendem Rühren eindicken lassen.

| Auf die Gläser verteilen und luftdicht verschließen. Vor dem Verzehr mindestens 1 Monat kühl und vor Licht geschützt ziehen lassen.

HALTBARKEIT | 6 Monate; sterilisieren möglich

SCHALOTTEN IN BALSAMICOESSIG

FÜR 2 EINMACH-GLÄSER À 350 G

VORBEREITUNG
20 Min.

KOCHZEIT
etwa 45 Min.

ZIEHZEIT
48 Std.

ZUTATEN
900 g Schalotten

1 EL gemahlener Koriander

1 TL gemahlener Kreuzkümmel

½ TL Kurkuma

1 Prise gemahlener Zimt

2 Gewürznelken

½ TL feinkörniges Salz

160 g Kristallzucker

30 cl Balsamicoessig

FÜR DIESES REZEPT EIGNEN SICH AUCH WUNDERBAR KLEINE FRÜHLINGSZWIEBELN. SIE KÖNNEN DIE HÄLFTE DES GEMAHLENEN KORIANDERS UND KREUZKÜMMELS AUCH DURCH GANZE SAMEN ERSETZEN.

| Von den Schalotten die feine Haut und die Würzelchen entfernen. Den grünen Stängel oben abschneiden und in dicke Röllchen schneiden.

| Schalotten mit Gewürzen und Salz in einen Topf geben, mit Zucker bestäuben und mit Essig begießen. Sanft erhitzen und den Zucker unter Rühren auflösen. Die Temperatur reduzieren und die Schalotten bei niedrigster Temperatur etwa 40 Minuten glasig dünsten. Falls beim Kochvorgang zu viel Flüssigkeit verdampft, immer wieder etwas Wasser nachgießen.

| Sobald die Masse wie Kompott eingedickt ist, vom Herd nehmen und in Einmachgläser füllen. Vor dem Verzehr mindestens 48 Stunden verschlossen ziehen lassen.

HALTBARKEIT | trocken und dunkel gelagert 2 Jahre; im Kühlschrank 6 Monate

MÖHREN-CHUTNEY MIT ORANGEN UND KREUZKÜMMEL

FÜR 2 EINMACH-GLÄSER À 350 G

VORBEREITUNG
30 Min.

KOCHZEIT
45–60 Min.

ZUTATEN

2 süße, unbehandelte Orangen (Saft und Zesten)

500g junge Möhren

20cl weißer Essig

150g Feinzucker

1 TL gemahlener Kreuz-kümmel

¼ TL Salz

1 TL Kreuzkümmelsamen

SCHNEIDEN SIE JE NACH GEWÜNSCHTER KONSISTENZ EINEN TEIL ODER ALLE MÖHREN IN HAUCHDÜNNE SCHEIBEN, STATT SIE ZU REIBEN. AM ENDE DER KOCHZEIT KÖNNEN SIE NACH BELIEBEN EINIGE TROPFEN ORANGENBLÜTENWASSER HINZUFÜGEN.

| Eine Orange unter fließend kaltem Wasser abbürsten, dann abtrocknen. Die Schale abziehen, ohne die weiße Haut zu beschädigen, und fein hacken.

| Beide Orangen auspressen und den Saft auffangen.

| Die Möhren schälen und grob reiben. Mit Essig, Orangensaft und Zucker in einem Topf unter Rühren langsam aufkochen, bis sich der Zucker restlos aufgelöst hat.

| Die Temperatur reduzieren, das Orangenfruchtfleisch, den gemahlenen Kreuzkümmel, Salz und Samen hinzufügen und die Masse unter häufigem Umrühren 45 bis 60 Minuten sanft köcheln lassen, bis sie eingedickt ist.

| Hat sie die gewünschte Konsistenz erreicht, vom Herd nehmen und heiß in die Einmachgläser füllen. Sofort verschließen.

HALTBARKEIT | trocken und dunkel gelagert 2 Jahre; im Kühlschrank 6 Monate

GRÜNE-TOMATEN-**CHUTNEY**

**FÜR 2 EINMACH-
GLÄSER À 350 G**

VORBEREITUNG
30 Min.

KOCHZEIT
45–60 Min.

ZUTATEN
600 g grüne Tomaten

1 kleine Zwiebel

1 grüne Paprikaschote

1 kleine getrocknete rote
Pfefferschote
(nach Belieben)

1 EL Sonnenblumenöl

½ TL frisch geriebener
Ingwer

30 cl Weißweinessig

160 g Feinzucker

Salz und frisch gemahle-
ner Pfeffer

DIESES CHUTNEY KÖNNEN SIE WUNDERBAR AUS IHREN ALLERERSTEN, UNREIFEN FRÜCHTEN ZUBEREITEN ODER AUCH KURZ VOR DEM ERSTEN FROST, FALLS NOCH GRÜNE TOMATEN ÜBRIG SIND, DIE NICHT MEHR REIF WERDEN KÖNNEN.

❙ Die Tomaten 15 bis 20 Sekunden heiß überbrühen, sofort in eine Schüssel mit kaltem Wasser tauchen und anschließend häuten. Halbieren, Samen und weißen Strunk entfernen und das Fruchtfleisch klein würfeln.

❙ Die Zwiebel schälen und fein hacken. Den Stiel der Paprikaschote entfernen, Schote aufschneiden, Samen und weiße Haut herausnehmen. Schote ebenfalls klein würfeln. Pfefferschote aufschneiden und nach dem Entfernen der Samen fein hacken.

❙ In einem Topf Zwiebel und Paprikaschote im Öl bei niedriger Hitze weich und glasig dünsten.

❙ Tomatenwürfel, Ingwer und Pfefferschote, Essig und Zucker hinzufügen und langsam unter Rühren aufkochen, bis sich der Zucker vollständig aufgelöst hat. Leicht salzen, etwas Pfeffer aus der Mühle hinzufügen und alles bei sanfter Hitze unter häufigem Rühren mindestens 45 Minuten kochen lassen, bis die Mischung eingedickt ist.

❙ Ist die gewünschte Konsistenz erreicht, die heiße Masse in die Einmachgläser füllen und sofort verschließen.

HALTBARKEIT | trocken und dunkel gelagert 2 Jahre;
im Kühlschrank 6 Monate

SAUERKIRSCHEN-**CHUTNEY** MIT PISTAZIEN

FÜR 2 EINMACH-GLÄSER À 350 G

VORBEREITUNG
30 Min.

KOCHZEIT
45–55 Min.

ZUTATEN
600 g Sauerkirschen

15 cl Rotweinessig

15 cl guter Rotwein

1 TL frisch gepresster
Zitronensaft

120 g Feinzucker

1 große Prise feines Salz

10 schwarze Pfefferkörner

¼ TL gemahlener Zimt

2 Gewürznelken

100 g geschälte Pistazien

WIE DIE SCHWARZKIRSCHEN-MARMELADE AUS DEM BASKENLAND IST AUCH DIESES LECKERE CHUTNEY EINE ORIGINELLE BEILAGE ZU EINER KÄSEPLATTE. ES PASST HERVORRAGEND ZU SCHWEINE- ODER ENTEN-FLEISCHGERICHTEN.

| Kirschen unter fließendem Wasser abspülen, dann trocken tupfen. Entstielen, halbieren und Kerne entfernen.

| Essig, Wein, Zitronensaft und Zucker in einem Topf unter Rühren langsam erhitzen, bis der Zucker sich ganz aufgelöst hat.

| Kirschen, Salz, Pfeffer, Zimt und Gewürznelken hinzufügen und alles aufkochen. Die Temperatur reduzieren und alles etwa 40 Minuten gar köcheln lassen.

| Die Pistazien gut unterrühren und alles noch 5 bis 10 Minuten kochen lassen, bis die Masse wie Kompott eindickt. Gegebenenfalls etwas länger kochen, falls sie noch zu flüssig ist.

| Sofort in Einmachgläser füllen, diese verschließen und vor dem Verzehr mindestens eine Woche ruhen lassen.

HALTBARKEIT | trocken und dunkel gelagert 2 Jahre;
im Kühlschrank 6 Monate

ERDBEER-HIMBEER-CHUTNEY MIT ZITRONE

FÜR 2 EINMACH-GLÄSER À 350 G

VORBEREITUNG
20 Min.

KOCHZEIT
40–50 Min.

ZUTATEN
300 g Himbeeren

500 g Erdbeeren

1 unbehandelte Zitrone

1 große Prise Salz

5–6 schwarze Pfeffer-körner

½ TL frisch geriebener Ingwer

1 große Prise Ingwer-pulver

160 g Kristallzucker

30 cl Himbeeressig

ENTFERNEN SIE DIE SAMEN, INDEM SIE DIE HIMBEEREN DURCH EINE GEMÜSEPRESSE DRÜCKEN, UND VERWENDEN SIE NUR DAS FRUCHT-FLEISCH. RECHNEN SIE ETWAS MEHR (300 GRAMM) EIN, UM DEN DADURCH ENTSTANDENEN GEWICHTSVERLUST AUSZUGLEICHEN.

| Himbeeren verlesen. Erdbeeren abspülen, trocken tupfen und entstielen. Kleine Früchte ganz lassen, größere klein schneiden.

| Die Zitrone unter kaltem Wasser abbürsten, abtrocknen und hauchdünne Streifen mit dem Sparschäler oder Zestenreißer von der Schale abziehen, ohne dabei die weiße Haut zu beschädigen. Zesten fein hacken. Zitrone auspressen und den Saft auffangen.

| In einem Topf Erdbeeren und Himbeeren mit den Zesten und dem Zitro-nensaft, Salz, Pfeffer, frischem Ingwer, Ingwerpulver sowie Zucker und Essig bei niedriger Hitze gar köcheln lassen. Dabei immer wieder vorsichtig umrühren, bis sich der Zucker vollständig aufgelöst hat.

| 40 bis 50 Minuten unter häufigem Rühren sanft köcheln lassen, bis die Masse eingedickt ist.

| Ist die gewünschte Konsistenz erreicht, die heiße Masse in die Einmach-gläser füllen und diese sofort verschließen.

HALTBARKEIT | trocken und dunkel gelagert 2 Jahre;
im Kühlschrank 6 Monate

MINDESTENS HALTBAR BIS

★ ★ ★ einfach köstlich! ★ ★ ★

RHABARBER-**CHUTNEY** MIT VANILLE

FÜR 2 EINMACH-GLÄSER À 350 G

VORBEREITUNG
20 Min.

KOCHZEIT
45–60 Min.

ZIEHZEIT
15 Min.

ZUTATEN
500 g Rhabarberstangen

140 g Kristallzucker

20 cl Apfelessig

1 Vanilleschote

1 große Prise Salz

2 Gewürznelken

¼ TL Ingwerpulver

DER ZUCKER UND DIE SÜSSE DER VANILLE GLEICHEN DIE SÄURE DES RHABARBERS PERFEKT AUS. FÜR MEHR SÜSSE KÖNNEN SIE IHN BIS ZU EINEM VIERTEL DURCH DIE GLEICHE MENGE GRÜNER ÄPFEL ERSETZEN.

| Rhabarberstangen unter fließend kaltem Wasser abbürsten, abtrocknen und ungeschält in kleine Stücke schneiden.

| Zucker, Essig und die der Länge nach aufgeschlitzte Vanilleschote in einem Topf unter Rühren langsam zum Kochen bringen, bis sich der Zucker aufgelöst hat. Den Herd ausschalten und den Topfinhalt zugedeckt etwa 15 Minuten ziehen lassen.

| Nochmals aufkochen, Rhabarber, Salz und Gewürze unter Rühren hinzufügen und bei geringer Temperatur 45 bis 60 Minuten köcheln lassen. Dabei häufig umrühren, damit die Masse eindickt.

| Hat sie die gewünschte Konsistenz erreicht, den Topf vom Herd nehmen. Aus der Vanilleschote das Mark herauskratzen, unterrühren und die Schale wegwerfen. Die Masse noch heiß in Einmachgläser füllen und diese verschließen.

HALTBARKEIT | trocken und dunkel gelagert 2 Jahre;
im Kühlschrank 6 Monate

GELEE VON **GARTENHIMBEEREN**

FÜR 4 BIS 5 EINMACH-GLÄSER À 375 G

VORBEREITUNG (INKL. KOCHZEIT)
20 Min.

FILTERN
2 Std.

ZUTATEN
1 ½ kg Himbeeren

etwa 800 g Kristallzucker
(dieselbe Menge wie Saft)

SOLL DAS GELEE GANZ UNGETRÜBT SEIN, DÜRFEN SIE DIE HIMBEEREN NICHT ZU STARK AUSDRÜCKEN ... AUCH WENN DABEI EIN BISSCHEN SAFT VERLORENGEHT!

| Himbeeren ungewaschen verlesen, dabei schlechte Früchte aussortieren. Die Früchte mit 20 cl Wasser in einem Marmeladentopf aufkochen. 5 Minuten sprudelnd kochen lassen, dabei die Himbeeren mit der Rückseite eines Schaumlöffels zerdrücken.

| Masse vom Herd nehmen und in ein feinmaschiges Sieb oder einen mit Musselin oder einem Baumwollgeschirrtuch ausgelegten Seiher gießen. Zum Auffangen des gesamten Saftes etwa 2 Stunden über einer Schüssel abtropfen lassen. Anschließend die Himbeeren mit der Rückseite eines Schaumlöffels vorsichtig andrücken, damit möglichst viel Saft austritt.

| Den Saft wiegen, mit derselben Menge Zucker in den Marmeladentopf gießen und unter Rühren erhitzen, bis sich der Zucker vollständig aufgelöst hat. Dann alles zum Kochen bringen. Abschäumen und die Masse so lange kochen lassen, bis sie anfängt zu gelieren (105 °C auf dem Zuckerthermometer). Dabei regelmäßig umrühren.

| Für die Gelierprobe etwas Konfitüre auf einen kalten Teller geben oder das Zuckerthermometer benutzen, dann den Topf vom Herd nehmen und nochmals abschäumen. Die Einmachgläser füllen, verschließen und zum Abkühlen auf den Kopf stellen.

HALTBARKEIT | trocken und dunkel gelagert 2 Jahre;
im Kühlschrank 6 Monate

KONFITÜRE AUS GARIGUETTE-ERDBEEREN MIT PFEFFER

FÜR 4 BIS 5 EINMACH-GLÄSER À 375 G

VORBEREITUNG (INKL. KOCHZEIT)
15 Min.

ZIEHZEIT
12 Std.

ZUTATEN
6–8 schwarze Pfefferkörner

1,1 kg Gariguette-Erdbeeren oder andere kleine, aromatische Erdbeeren (z. B. Sorte Mara des Bois)

800 g Kristallzucker

Saft von 1 kleinen Zitrone

DIE GARIGUETTE-ERDBEERE IST EINE IN FRANKREICH WEGEN IHRES SPITZENAROMAS SEHR BELIEBTE UND SEHR FRÜH REIFENDE SORTE. WENN SIE SIE NICHT BEKOMMEN KÖNNEN, VERWENDEN SIE ALS ALTERNATIVE ERDBEEREN MIT LEICHT SÄUERLICHEM GESCHMACK.

| Den Pfeffer ziemlich fein zerstoßen. Die Erdbeeren abspülen, abseihen, entstielen und in einer Terrine vorsichtig mit dem Zucker vermengen. Backpapier direkt auf die Früchte legen und diese mindestens 12 Stunden im Kühlschrank ziehen lassen.

| Die Mischung mit dem Zitronensaft möglichst in einem Marmeladentopf unter vorsichtigem Rühren aufkochen. 2 Minuten köcheln lassen, anschließend die Erdbeeren mit einer Schaumkelle herausheben und gut abtropfen lassen, um möglichst viel Saft aufzufangen. Dann beiseitestellen.

| Den Sirup auf 110 °C erhitzen (Temperatur mithilfe eines Zuckerthermometers überprüfen). Die Erdbeeren zurück in den Marmeladentopf geben, den Pfeffer hinzufügen und nochmals aufkochen. Abschäumen und 5 bis 10 Minuten unter vorsichtigem Rühren sprudelnd kochen lassen, bis die Früchte vollständig bedeckt sind und der Sirup eingedickt ist.

| Für die Gelierprobe etwas Konfitüre auf einen kalten Teller tropfen oder das Zuckerthermometer zu Hilfe nehmen, dann den Topf vom Herd nehmen und die Masse nochmals abschäumen. Gut umrühren, damit sich die Früchte gut verteilen, und die heiße Konfitüre sofort in Gläser füllen. Gut verschließen und zum Abkühlen auf den Kopf stellen.

HALTBARKEIT | trocken und dunkel gelagert 2 Jahre; im Kühlschrank 6 Monate

SCHWARZKIRSCHEN-**KONFITÜRE**

VORBEREITUNG (INKL. KOCHZEIT)
30 Min.

ZUTATEN
1 ½ kg schwarze Kirschen
(ergibt entsteint 1,3 kg)

1 kg Kristallzucker

Saft von 1 Zitrone

DIE SCHWARZEN KIRSCHEN MIT EINER TENDENZ ZUM SÜSS-SAUREN GESCHMACK VERLEIHEN EINER KONFITÜRE EIN EINZIGARTIGES AROMA. IM BASKENLAND WERDEN SIE TRADITIONELL ZU SCHAFSKÄSE AUS LOKALER PRODUKTION GEREICHT.

| Die Kirschen unter fließendem Wasser abspülen, danach trocken tupfen und entsteinen.

| In einem Marmeladentopf den Zucker mit 25 cl kaltem Wasser unter Rühren langsam erhitzen, bis er sich komplett aufgelöst hat. Diesen Sirup so lange kochen, bis er eine Temperatur von 105 °C erreicht hat (Temperatur mithilfe eines Zuckerthermometers überprüfen).

| Zitronensaft und Kirschen hinzufügen, die Masse nochmals aufkochen und abschäumen. Unter fortwährendem Rühren weiter sprudelnd kochen lassen und abschäumen, bis die Früchte vollständig bedeckt sind und die Konfitüre eindickt.

| Für die Gelierprobe etwas Konfitüre auf einen kalten Teller tropfen oder das Zuckerthermometer zu Hilfe nehmen, dann den Topf vom Herd nehmen und den Inhalt nochmals abschäumen. Die Einmachgläser füllen, verschließen und zum Abkühlen auf den Kopf stellen.

HALTBARKEIT | trocken und dunkel gelagert 2 Jahre;
im Kühlschrank 6 Monate

26

RHABARBER- BANANEN-ERDBEER-KONFITÜRE

FÜR 5–6 EINMACH-GLÄSER À 375 G

VORBEREITUNG (INKL. KOCHZEIT)
20 Min.

ZIEHZEIT
12 Std.

ZUTATEN
etwa 1 kg Rhabarber-stangen

300 g kleine Erdbeeren, z. B. Sorte Gariguette

1 Banane (etwa 300 g)

Saft von 1 kleinen Zitrone

1 kg Kristallzucker

NEHMEN SIE JUNGE, FRISCH GEERNTETE RHABARBERSTANGEN, DIE NICHT GESCHÄLT WERDEN MÜSSEN UND SICH BESSER KOCHEN LASSEN. WUSSTEN SIE SCHON, DASS FRÜHLINGSRHABARBER WENIGER SÄURE ENTHÄLT ALS HERBSTRHABARBER?

Rhabarberstangen abspülen, ohne sie zu schälen. Abtrocknen, die dicksten der Länge nach in zwei oder drei Teile und diese wiederum in kleine Stücke schneiden. Die Erdbeeren abspülen und entstielen. Die Banane schälen und in Scheiben schneiden.

In einer Terrine die Früchte mit Zitronensaft und Zucker vermischen, mit Backpapier bedecken und etwa 12 Stunden im Kühlschrank ziehen lassen. Von Zeit zu Zeit umrühren.

Die Masse durch ein engmaschiges Sieb in einen Marmeladentopf gießen. Gut abtropfen lassen, um den ganzen Saft aufzufangen. Früchte beiseitestellen.

Den gewonnenen Sirup aufkochen und auf 110 °C erhitzen (Temperatur mithilfe eines Zuckerthermometers überprüfen). Die Früchte hinzufügen und nochmals aufkochen. Abschäumen und unter häufigem Rühren etwa 10 Minuten sprudelnd kochen lassen. Der Rhabarber muss glasig werden, und die Konfitüre soll eindicken.

Für die Gelierprobe etwas Konfitüre auf einen kalten Teller geben oder das Zuckerthermometer zu Hilfe nehmen, dann den Topf vom Herd nehmen und den Inhalt nochmals abschäumen. Die Einmachgläser füllen, verschließen und zum Abkühlen auf den Kopf stellen.

HALTBARKEIT | trocken und dunkel gelagert 2 Jahre;
im Kühlschrank 6 Monate

KONFITÜRE „DREI ROTE FRÜCHTE" MIT ROTEN JOHANNISBEEREN

FÜR 5–6 EINMACH-GLÄSER À 375 G

VORBEREITUNG (INKL. KOCHZEIT)
30 Min.

ZUTATEN

500 g kleine Erdbeeren, z. B. Sorte Gariguette

500 g Sauerkirschen (Englische oder Montmorency-Kirschen)

750 g Rote Johannisbeeren

500 g Himbeeren

1,2 kg Kristallzucker

Saft von ½ Zitrone

PASSIEREN SIE DIE HIMBEEREN VOR DER ZUBEREITUNG DER KONFITÜRE ZUM ENTFERNEN DER SAMEN MITHILFE EINER GEMÜSEMÜHLE UND STREICHEN SIE SIE ANSCHLIESSEND DURCH EIN FEINMASCHIGES SIEB.

| Erdbeeren, Kirschen und Rote Johannisbeeren unter kaltem Wasser abspülen, abtropfen lassen. Die Erdbeeren entstielen, Johannisbeeren abzupfen und die Kirschen entsteinen. Die Himbeeren ungewaschen verlesen.

| Johannisbeeren mit 15 cl Wasser in einem Topf aufkochen. 5 Minuten kochen lassen, bis sie platzen. Dann durch ein feinmaschiges Sieb in einen Marmeladentopf streichen. Saft abtropfen lassen. Früchte mit der Rückseite einer Schaumkelle fest andrücken, um möglichst viel Saft zu gewinnen.

| Den Zucker in die Flüssigkeit geben und unter Rühren erhitzen, bis er sich vollständig aufgelöst hat. Diesen Sirup nun aufkochen und sprudelnd kochen lassen, bis er eine Temperatur von 105 °C erreicht hat (diese mit einem Zuckerthermometer überprüfen). Kirschen und Zitronensaft hinzufügen, nochmals aufkochen und dann abschäumen. Etwa 10 Minuten sprudelnd kochen lassen, dabei immer wieder umrühren.

| Erdbeeren und Himbeeren dazugeben und so lange weiterkochen lassen, bis die Früchte vollständig bedeckt sind und der Sirup dickflüssig ist.

| Für die Gelierprobe etwas Konfitüre auf einen kalten Teller geben oder das Zuckerthermometer zu Hilfe nehmen, dann den Topf vom Herd nehmen und den Inhalt nochmals abschäumen. Die Einmachgläser füllen, verschließen und zum Abkühlen auf den Kopf stellen.

HALTBARKEIT | trocken und dunkel gelagert 2 Jahre; im Kühlschrank 6 Monate

FRÜHLING

GRÜNE-TOMATEN-KONFITÜRE

**FÜR 4 EINMACH-
GLÄSER À 375 G**

VORBEREITUNG (INKL. KOCHZEIT)
30 Min.

ZIEHZEIT
12 Std.

ZUTATEN
1 ½ kg grüne Tomaten
(ergibt gehäutet 1 kg)

750 g Kristallzucker

Saft von 1 Zitrone

BEREITEN SIE DIESE KONFITÜRE AUS DEN ERSTEN KLEINEN GRÜNEN TOMATEN ZU, DIE AN DEN PFLANZEN ERSCHEINEN. SIE KÖNNEN SIE ABER AUCH IM HERBST AUS DEN FRÜCHTEN HERSTELLEN, DIE KEINE ZEIT MEHR HATTEN, ZU REIFEN.

| Die Tomaten 20 Sekunden mit heißem Wasser überbrühen, sofort in eine große Schüssel mit eiskaltem Wasser legen, dann abseihen und häuten. Halbieren, Samen sowie alle weißen Teile des Strunks entfernen. Fruchtfleisch klein würfeln.

| Tomatenwürfel im Wechsel mit dem Zucker in eine Schüssel schichten. Mit Zitronensaft beträufeln, ein Backpapier auf das Fruchtfleisch legen und etwa 12 Stunden im Kühlschrank ziehen lassen.

| Die Masse in einem Marmeladentopf unter Rühren langsam erhitzen. Sobald sich der Zucker restlos aufgelöst hat, aufkochen und sprudelnd kochen lassen. Regelmäßig abschäumen und umrühren, bis die Tomaten glasig sind und die Konfitüre eindickt.

| Für die Gelierprobe etwas Konfitüre auf einen kalten Teller geben oder ein Zuckerthermometer verwenden, dann den Topf vom Herd nehmen und den Inhalt nochmals abschäumen. Die Einmachgläser füllen, verschließen und zum Abkühlen auf den Kopf stellen.

HALTBARKEIT | trocken und dunkel gelagert 2 Jahre;
im Kühlschrank 6 Monate

LITSCHI-HIMBEER-KONFITÜRE

FÜR 5–6 EINMACH-GLÄSER À 375 G

VORBEREITUNG (INKL. KOCHZEIT)
30 Min.

ZUTATEN
800 g Litschis

1 grüner Apfel
(Granny Smith)

600 g Himbeeren

Saft von 1 großen Zitrone

900 g Kristallzucker

STATT HIMBEEREN EIGNEN SICH AUCH ERDBEEREN, DIE EBENFALLS PERFEKT ZU LITSCHIS PASSEN.

| Litschis schälen, in Hälften schneiden und entkernen. Den Apfel schälen, Strunk und Kerne entfernen, Fruchtfleisch in dünne Scheiben schneiden. Die Himbeeren ungewaschen verlesen, beschädigte Früchte aussortieren.

| Die Fruchtstücke in einem Marmeladentopf sofort mit Zitronensaft beträufeln. Den Zucker hineinrühren und die Masse unter Rühren sanft erhitzen, bis er sich restlos aufgelöst hat. Anschließend aufkochen und abschäumen. Etwa 5 Minuten köcheln lassen, dabei immer wieder umrühren, damit die Konfitüre eindickt.

| Die Himbeeren hinzufügen, nochmals alles aufkochen und sprudelnd weiterkochen lassen, bis der Gelierpunkt erreicht ist (105 °C auf dem Zuckerthermometer).

| Für die Gelierprobe etwas Konfitüre auf einen kalten Teller geben oder das Zuckerthermometer zu Hilfe nehmen, dann den Topf vom Herd nehmen und den Inhalt nochmals abschäumen. Die Einmachgläser füllen, verschließen und zum Abkühlen auf den Kopf stellen.

HALTBARKEIT | trocken und dunkel gelagert 2 Jahre;
im Kühlschrank 6 Monate

OB HANDELSÜBLICH ODER HAUSGEMACHT – SIRUP WIRD MIT STILLEM WASSER, SPRUDELWASSER ODER AUCH MIT LIMONADE ZUBEREITET.

ERDBEERSIRUP

FÜR ETWA 1 L SIRUP

VORBEREITUNG
30 Min.

KOCHZEIT
5–10 Min.

ZIEHZEIT
24 Std.

ZUTATEN
1,2 kg reife, aromatische Erdbeeren

800–900 g Feinzucker

| Erdbeeren unter kaltem Wasser kurz abspülen, entstielen, klein schneiden, in eine Schüssel füllen und sehr fein pürieren. Mit Haushaltsfolie abdecken und 24 Stunden im Kühlschrank ziehen lassen.

| Das Erdbeerpüree durch ein Trichtersieb in eine Schüssel filtern. Gut andrücken, damit möglichst viel Saft herausfließt. Die Flüssigkeit abwiegen und 800 g Zucker auf 1 Liter Saft hinzufügen.

| In einem Topf bei ganz niedriger Hitze unter fortwährendem Rühren leicht erwärmen. Vom Herd nehmen, sobald sich der Zucker restlos aufgelöst hat. Abkühlen lassen und sorgfältig abschäumen.

| In Flaschen abfüllen, luftdicht verschließen und kühl aufbewahren.

RHABARBERSIRUP

FÜR ETWA 1 L SIRUP

VORBEREITUNG
30 Min.

KOCHZEIT
15 Min.

ZUTATEN
15 ganz frische Rhabarberstangen

Feinzucker (je nach gewonnener Saftmenge)

| Rhabarberstangen abspülen, abtrocknen und in Stücke schneiden. 5 Minuten in kochendes Wasser tauchen, dann abseihen.

| Den Rhabarber in einer Zentrifuge entsaften oder zerkleinern und durch ein mit Musselin oder einem Baumwollgeschirrtuch ausgekleidetes Sieb streichen. Den gewonnenen Saft abwiegen und dieselbe Menge Zucker hinzufügen.

| Saft und Zucker in einem Topf unter Rühren erhitzen. Sobald der Zucker sich restlos aufgelöst hat, noch 15 Minuten bei niedriger Hitze köcheln lassen.

| Topf vom Herd nehmen und den Sirup sofort mit einem Trichter in Flaschen abfüllen. Luftdicht verschließen und abkühlen lassen. Kühl aufbewahren.

HALTBARKEIT | unangebrochen und dunkel gelagert etwa 3 Monate

SCHNAPSKIRSCHEN

FÜR 2 EINMACH-GLÄSER À ETWA 60 CL

VORBEREITUNG
30 Min.

KOCHZEIT
etwa 5 Min.

ZIEHZEIT
2 Monate

ZUTATEN
150g Kristallzucker

74cl klarer Schnaps
(40–45% vol.)

1 kg Sauerkirschen (oder
Montmorency-Kirschen)

SOLLTEN DIE KIRSCHEN NACH DER RUHEZEIT NICHT MEHR SO ANSEHN-LICH SEIN, FILTERN SIE DEN SCHNAPS DURCH EIN MIT MUSSELIN ODER EIN BAUMWOLLGESCHIRRTUCH AUSGELEGTES SIEB IN EINE FLASCHE. DAS ERGIBT EINEN KÖSTLICHEN KIRSCHLIKÖR.

| Zucker und Schnaps bei ganz niedriger Hitze erwärmen und umrühren, bis er sich restlos aufgelöst hat. 2 Minuten sprudelnd kochen lassen, vom Herd nehmen und abkühlen lassen.

| Die Kirschen unter kaltem Wasser abspülen und vorsichtig trocken tupfen. Den Stiel bis auf etwa 1 cm abschneiden. Jede Kirsche mit einem spitzen Gegenstand auf der anderen Seite anstechen, damit sie richtig mit Alkohol getränkt wird.

| Die Kirschen ordentlich in die Gläser setzen und großzügig mit dem Zucker-schnaps übergießen. Luftdicht verschlossen, an einem trockenen, kühlen und lichtgeschützten Ort aufbewahren. Vor dem Verzehr 2 Monate ziehen lassen.

HALTBARKEIT | 2 Jahre

PFLÜCKEN SIE DIE AROMATISCHEN PFLANZEN FÜR TEES, LIKÖRE UND WEINE DRAUSSEN IN DER NATUR!

PFEFFERMINZLIKÖR

FÜR 1 L

VORBEREITUNG
20 Min.

KOCHZEIT
etwa 5 Min.

ZIEHZEIT
2 Wochen + 2 Wochen
+ 1 Monat

ZUTATEN
1 Bund Pfefferminze

2 Gewürznelken

90 cl Schnaps

300 g Feinzucker

| Die Pfefferminze unter fließend kaltem Wasser abspülen und gut trocken tupfen. Blätter abzupfen und Stängel wegwerfen. Blätter mit Gewürznelken und Schnaps in ein Glas geben. Luftdicht verschlossen 2 Wochen im Dunkeln ziehen lassen.

| Mit dem Zucker und 10 cl Wasser einen Sirup herstellen. Dazu die Flüssigkeit unter Rühren sanft erhitzen, bis der Zucker sich aufgelöst hat; dann 1 Minute sprudelnd kochen lassen. Vom Herd nehmen und abkühlen lassen. Diesen Sirup ebenso in ein Glas füllen und verschlossen weitere 2 Wochen ziehen lassen.

| Beide Glasinhalte mischen und durch ein Trichtersieb in Flaschen füllen. Verschließen und vor dem Öffnen 1 Monat im Dunkeln ruhen lassen.

HALTBARKEIT | mehrere Jahre

THYMIANLIKÖR „FARIGOULETTE"

FÜR 1 L

VORBEREITUNG
20 Min.

KOCHZEIT
etwa 5 Min.

ZIEHZEIT
1 Monat + 2 Wochen

ZUTATEN
300 g frische Thymianblüten

75 cl Schnaps

180 g Zucker

150 g Blütenhonig

| Die Thymianblüten mit dem Schnaps in ein Glas füllen und, luftdicht verschlossen, 1 Monat ziehen lassen.

| Den Glasinhalt durch ein Trichtersieb filtern.

| Mit dem Zucker und 10 cl Wasser einen Sirup zubereiten. Unter Rühren sanft erhitzen, damit der Zucker sich auflöst, dann 1 Minute sprudelnd kochen lassen und vom Herd nehmen. Unter ständigem Rühren den Honig in einem dünnen Strahl in den warmen Sirup fließen lassen.

| Den Thymianaufguss in den Topf gießen und gut verrühren. Den erkalteten Likör in Flaschen abfüllen und verschließen. Vor dem Öffnen 2 Wochen ruhen lassen.

HALTBARKEIT | mehrere Jahre

FÜR 75 CL

VORBEREITUNG
30 Min.

KOCHZEIT
2 Min.

ZIEHZEIT
3 Monate + 1 Monat
+ 1 Monat

ZUTATEN
150–180 Kirschkerne

75 cl Schnaps

400 g Puder- oder
Kristallzucker

KIRSCHKERNLIKÖR

DAS FRUCHTFLEISCH DER KIRSCHEN ERGIBT EINE LECKERE KONFITÜRE!

| Kirschen entsteinen. Kerne ganz lassen, Fruchtfleischreste nicht entfernen. In ein Tuch wickeln, grob zerkleinern und in ein Einmachglas füllen. Schnaps darübergießen und luftdicht verschließen. 3 Monate ziehen lassen.

| Den Zucker mit 10 cl Wasser erhitzen und unter ständigem Rühren auflösen. Abkühlen lassen. Nun den Sirup ins Glas dazugießen und vermischen. Das Glas verschließen und noch 1 Monat ziehen lassen.

| Den Glasinhalt durch ein Trichtersieb filtern. Dabei möglichst wenig erschüttern, damit kein Bodensatz aufgewirbelt wird. In Flaschen abfüllen und verschließen. Trocken, kühl und lichtgeschützt noch 1 Monat ruhen lassen.

HALTBARKEIT | mehrere Jahre

FÜR 1,5 L

VORBEREITUNG
20 Min.

ZIEHZEIT
6 Wochen + 8 Tage

ZUTATEN
3 unbehandelte Grape-
fruits

2 Flaschen (2 x 75 cl) guter
Roséwein

GRAPEFRUIT-ROSÉ

STATT ROSÉ EIGNET SICH FÜR DIESES REZEPT AUCH WEISSWEIN.

| Die Grapefruits unter kaltem Wasser abbürsten und abtrocknen. Die Schale mit einem Sparschäler oder Gemüsehobel dünn abziehen, ohne die weiße Haut zu beschädigen, und die Früchte in Scheiben schneiden.

| Die Zesten in ein Glas geben und mit Wein übergießen. Luftdicht verschließen und 6 Wochen ziehen lassen.

| Mithilfe eines mit einem Papierfilter ausgelegten Trichters direkt in Flaschen filtern, diese verschließen und noch 8 Tage ruhen lassen.

HALTBARKEIT | 2 Jahre und länger

IM ALLGEMEINEN BESCHLEUNIGT LICHT DEN MAZERATIONSVORGANG. ESSIG IST STABIL, DOCH ÖL WIRD LEICHT RANZIG ODER VERLIERT SEIN AROMA. BEWAHREN SIE IHRE EINMACHGLÄSER UND FLASCHEN DESHALB IMMER KÜHL UND DUNKEL AUF.

BASILIKUMÖL

FÜR 50 CL

VORBEREITUNG
15 Min.

ZIEHZEIT
3 Wochen

ZUTATEN
1 schöner Basilikumzweig

50 cl Olivenöl vergine

| Alle beschädigten Basilikumblätter entfernen und das Stielende großzügig kürzen. Unter kaltem Wasser abspülen und sorgfältig trocken tupfen.

| Die Basilikumblätter zwischen den Fingern zerreiben, damit sich ihr Aroma entfalten kann, und den Stängel in ein Glas legen. Mit Öl bedecken und luftdicht verschließen. An einem kühlen, lichtgeschützten Ort 3 Wochen ziehen lassen.

| Den Basilikumstängel entfernen. Das Öl mit einem mit Musselin oder einem Baumwollgeschirrtuch ausgelegten Trichter in Flaschen abfüllen, diese verschließen und kühl und dunkel aufbewahren.

HALTBARKEIT | 1 Jahr

FENCHELÖL

FÜR 50 CL

VORBEREITUNG
15 Min.

ZIEHZEIT
2 Wochen

ZUTATEN
4 EL Fenchelsamen

50 cl Olivenöl vergine

| Die Fenchelsamen kurz in der Gewürzmühle oder mit dem Mörser nicht allzu fein zerkleinern und in ein Glas geben.

| Das Olivenöl bei ganz niedriger Hitze leicht erwärmen und in das Glas gießen. Luftdicht verschließen und kühl und dunkel aufbewahren. 2 Wochen ziehen lassen.

| Das Öl durch ein Trichtersieb filtern, in Flaschen abfüllen und verschließen. Kühl und dunkel aufbewahren.

HALTBARKEIT | 1 Jahr

HIMBEER**ESSIG**

FÜR 50 CL

VORBEREITUNG
20 Min.

ZIEHZEIT
2 Wochen

ZUTATEN
500 g Himbeeren

60 cl Apfel-, Weißwein-
oder Rotweinessig

GEBEN SIE ZUR DEKORATION EIN PAAR HIMBEEREN IN DIE ESSIGFLASCHE.

❙ Himbeeren ungewaschen verlesen, beschädigte Früchte aussortieren.

❙ Himbeeren in einer großen Schüssel mit der Rückseite eines Löffels zerdrücken. Dieses Mus in ein sterilisiertes Einmachglas füllen und mit Essig übergießen. Gut umrühren und luftdicht verschließen. Kühl und dunkel 2 Wochen ziehen lassen.

❙ Das Himbeer-Essig-Mus durch ein Trichtersieb filtern, die gewonnene Flüssigkeit in Flaschen füllen und mit einem Korken oder Plastikstöpsel verschließen. Kühl und trocken aufbewahren.

HALTBARKEIT | 2 Jahre

PFEFFERMINZ**ESSIG**

FÜR 50 CL

VORBEREITUNG
15 Min.

ZIEHZEIT
2 Wochen

ZUTATEN
4 mittelgroße
Pfefferminzstängel

50 cl Weißweinessig

❙ Alle beschädigten Blätter von den Pfefferminzstängeln entfernen. Die Stängelenden abschneiden. Gegebenenfalls unter kaltem Wasser abspülen und gut trocken tupfen.

❙ Pfefferminzblätter zwischen den Fingern zerreiben, damit sich ihr Aroma entfaltet. In ein sterilisiertes Einmachglas geben und mit Essig übergießen. Das luftdicht verschlossene Glas ins Licht (zum Beispiel ans Fenster) stellen und 2 Wochen ziehen lassen.

❙ Den Essig durch ein Trichtersieb filtern, dabei die Pfefferminzblätter gut ausdrücken. In Flaschen abfüllen und mit einem Korken oder Plastikstöpsel verschließen.

HALTBARKEIT | 2 Jahre oder länger

 SOMMER EINFACH

HAUSGEMACHTE MINI-CORNICHONS

MIT DIESEM REZEPT BLEIBEN DIE CORNICHONS SCHÖN KNACKIG – UND DAS GANZ OHNE KOCHEN! MAN KANN SIE AUCH ZUERST 1–2 MINUTEN ÜBERBRÜHEN ODER HEISSEN ESSIG VERWENDEN, ABER DANN SIND SIE NICHT MEHR SO BISSFEST.

FÜR 2 EINMACH-GLÄSER À 50 CL

VORBEREITUNG
30 Min.

ZIEHZEIT
24 Std. + 2 Wochen

ZUTATEN
1 kg Mini-Cornichons

grobkörniges Salz

15–20 Silberzwiebeln

2 Zweige frischer Estragon

1 Lorbeerblatt

2 Gewürznelken

1 EL Korianderkörner

1 EL Senfkörner

1 EL schwarze Pfeffer-körner

1 l weißer Branntwein-essig

| Cornichons einzeln mit einer weichen Bürste oder einem rauen Tuch abrei-ben, bis sie glatt und glänzend sind. Unter kaltem Wasser waschen und abtrocknen.

| In einen tiefen Teller legen, grobkörniges Salz darüberstreuen und 24 Stunden ziehen lassen.

| Die Silberzwiebeln schälen.

| Die Cornichons noch einmal kalt abspülen und dabei das Salz gründlich entfernen. Sorgfältig trocken tupfen.

| Gewürze und Silberzwiebeln gleichmäßig in die Gläser mit den Cornichons verteilen und so weit mit Essig aufgießen, dass der Inhalt 2 cm bedeckt ist.

| Luftdicht verschließen und vor dem Verzehr mindestens 2 Wochen im Kühl-schrank ruhen lassen.

HALTBARKEIT | 1 Jahr

GETROCKNETE **TOMATEN** IN OLIVENÖL

FÜR 1 EINMACH-GLAS À 50 CL

VORBEREITUNG
40 Min.

TROCKENZEIT
4–6 Std.

ZIEHZEIT
3–4 Tage

ZUTATEN
2 kg reife, feste Roma-Tomaten

etwa 50 cl Olivenöl

½ TL Fleur de Sel

2 Prisen Feinzucker

2 Stängel frischer Thymian

2 Knoblauchzehen

RUND UM DAS MITTELMEER WERDEN TOMATEN IN DER SONNE GETROCKNET. ZWAR LÄSST SICH DIES AUCH IM BACKOFEN MACHEN, DOCH ES GEHT NICHTS ÜBER VOLLREIFE SOMMERTOMATEN. NUTZEN SIE ALSO FÜR DIESES REZEPT DIE WARME JAHRESZEIT!

❙ Tomaten in kleinen Mengen in einem Topf 20 Sekunden lang in kochendes Wasser tauchen. Nach und nach mit einer Schaumkelle herausnehmen und sofort zum Abkühlen in eine Schüssel mit eiskaltem Wasser geben. Gut abseihen und häuten. Senkrecht halbieren und Samen entfernen.

❙ Tomaten nebeneinander auf ein Backblech setzen. Mit 1 oder 2 EL Olivenöl beträufeln, salzen, mit Zucker bestäuben und mit Thymian bestreuen. Knoblauchzehen ungeschält mit der flachen Messerklinge zerdrücken und zwischen die Tomaten legen. In den Backofen schieben und 4 bis 6 Stunden bei etwa 80 °C kandieren lassen; dabei ein- bis zweimal umdrehen.

❙ Den Trockenvorgang im Auge behalten, da die Trockenzeit entscheidend von der Qualität der Tomaten abhängt: Sie dürfen nicht mehr feucht sein, sollen aber weich bleiben. Trockenzeit gegebenenfalls verlängern. Aus dem Backofen nehmen und abkühlen lassen.

❙ Den Boden des Glases mit einer dünnen Schicht Olivenöl bedecken, die Tomaten dicht einschichten und immer wieder Olivenöl nachgießen. Etwas Knoblauch und Thymian ins Glas legen und großzügig mit Öl bedecken. Gläser verschließen und vor dem Verzehr 3 bis 4 Tage ruhen lassen.

HALTBARKEIT | im Kühlschrank 2 Wochen bis 6 Monate (je nach Trockengrad)

TOMATEN-APFEL-**PICKLES**

ERST DIE VERBINDUNG VON OBST UND GEMÜSE VERLEIHT DEN PICKLES IHR BESONDERES AROMA. ANSTELLE VON ÄPFELN KÖNNEN SIE AUCH BIRNEN UND STATT ZWIEBELN AUCH SCHALOTTEN NEHMEN.

FÜR 6 EINMACH-GLÄSER À 25 CL

VORBEREITUNG
40 Min.

KOCHZEIT
1 ¾–2 Std.

ZIEHZEIT
1 Woche

ZUTATEN
1 kg Tomaten

2 Zwiebeln

3 Äpfel

3 Stangen Sellerie mit Blättern

1 EL Koriandersamen

1 EL weiße Senfsamen

1 EL Paprikapulver

1 EL Salz

200 g Feinzucker

1 l Apfelessig

| Tomaten 20 Sekunden in kochendem Wasser überbrühen, dann häuten. Halbieren, Samen entfernen und Fruchtfleisch würfeln.

| Zwiebeln schälen und fein hacken. Äpfel schälen, von Strunk und Gehäuse befreien und klein würfeln. Selleriestängel mitsamt Blättern fein hacken.

| In einem kleinen Kochtopf Tomaten, Sellerie, Äpfel, Zwiebeln, Gewürze und Salz in 30 cl Wasser langsam zum Köcheln bringen, die Oberfläche abschäumen und 15 bis 20 Minuten kochen lassen, bis die Äpfel und das Gemüse weich sind.

| Zucker und Essig hineinrühren und bei niedriger Hitze unter häufigem Umrühren noch 1 ½ bis 2 Stunden weiterkochen lassen.

| Vom Herd nehmen, sobald genug Wasser verdampft ist und die Masse die Konsistenz eines zähflüssigen Kompotts hat.

| Die Gläser füllen, verschließen und erkalten lassen. Vor dem Öffnen mindestens 1 Woche ziehen lassen.

HALTBARKEIT | 6 Monate; sterilisieren möglich

AUBERGINEN AUF ITALIENISCHE ART

FÜR 2 EINMACH-GLÄSER À 50 CL

VORBEREITUNG
30 Min.

KOCHZEIT
5 Min.

ZIEHZEIT
2 Std. + 2–3 Wochen

ZUTATEN
750 g kleine, längliche, feste Auberginen

grobkörniges Salz oder Fleur de Sel

4 Knoblauchzehen

25 cl Weißweinessig

etwa 50 cl Olivenöl

2 Stängel Thymian

GENAUSO WIE KLEINE ARTISCHOCKEN UND KLEINE PILZE GEHÖREN AUCH AUBERGINEN UNBEDINGT ZU EINEM ITALIENISCHEN ANTIPASTO DAZU. REICHEN SIE SIE ALS BEILAGE ODER ALS RÖLLCHEN, AUF HOLZ-SPIESSCHEN GESTECKT, ZUM APERITIF.

| Auberginen waschen und abtrocknen. Strunk großzügig abschneiden, Auberginen in 6 bis 8 mm dicke Scheiben schneiden. In einem Sieb verteilen, mit etwas Salz bestreuen und 2 Stunden Wasser ziehen lassen.

| Auberginen kurz unter fließendem Wasser abspülen und abtropfen lassen.

| Knoblauchzehen schälen und in dünne Scheiben schneiden.

| Essig mit 2 Liter Wasser in einem großen Topf zum Kochen bringen. Auberginenscheiben hinzufügen, nochmals aufkochen und 4 Minuten sprudelnd kochen lassen.

| Auberginen abseihen und auf einem Tuch ausbreiten.

| Den Boden der Gläser mit einer dünnen Schicht Olivenöl bedecken. Sobald die Auberginen richtig trocken sind, im Wechsel mit etwas Knoblauch und Thymian einfüllen und immer wieder Öl nachgießen.

| Auberginen fest andrücken, großzügig mit Olivenöl bedecken und luftdicht verschließen. Vor dem Verzehr noch 2 bis 3 Wochen kühl und trocken aufbewahren.

HALTBARKEIT | 4–6 Monate (nach dem Öffnen im Kühlschrank aufbewahren)

ZITRONENCHUTNEY MIT PFEFFERMINZE

ZITRONE UND PFEFFERMINZE SIND DIE IDEALEN BEGLEITER FÜR GERICHTE MIT GRILLFLEISCH ODER TOMATENSAUCE. GARNIEREN SIE SIE VOR DEM SERVIEREN MIT EIN PAAR FRISCHEN PFEFFERMINZBLÄTTERN.

FÜR 2 EINMACH-GLÄSER À 350 G

VORBEREITUNG
45 Min.

KOCHZEIT
50–60 Min.

ZIEHZEIT
12 Std.

ZUTATEN
10 schöne, unbehandelte Zitronen

1 EL feinkörniges Salz

2 mittelgroße, milde Zwiebeln

2 Knoblauchzehen

300 g Feinzucker

20 cl Saft von 1 Zitrone

15 cl Weißweinessig

2 EL frische, fein geschnittene Pfefferminzblätter

1 TL Fenchelsamen

| Zitronenschale mit dem Zestenreißer oder einem Sparschäler abziehen, ohne die weiße Haut zu beschädigen, und fein hacken.

| Zitronen samt weißer Haut schälen und die Fruchtspalten aus den Trennhäutchen lösen.

| Zesten und Zitronenspalten in eine Schüssel legen, mit Salz bestreuen und 12 Stunden ziehen lassen.

| Am nächsten Tag die Zitronenspalten in ein Sieb geben, unter kaltem Wasser abspülen und abtropfen lassen. Zwiebeln schälen und fein hacken. Knoblauchzehen schälen.

| In einem Topf Zucker, Zitronensaft und Essig langsam erwärmen und verrühren, bis sich der Zucker auflöst. Anschließend bei niedriger Hitze köcheln lassen.

| Pfefferminze, Knoblauchzehen, Fenchelsamen, Zwiebeln sowie Zitronenzesten und -spalten hinzufügen und bei niedriger Hitze 50 bis 60 Minuten köcheln lassen. Dabei häufig umrühren, bis die Masse eingekocht und dickflüssig ist.

| Hat sie die gewünschte Konsistenz erreicht, in Einmachgläser abfüllen und verschließen.

HALTBARKEIT | trocken und dunkel aufbewahrt 2 Jahre; im Kühlschrank 6 Monate

SOMMER

ZUCCHINI-THYMIAN-CHUTNEY

FÜR 2 EINMACH-GLÄSER À 350 G

VORBEREITUNG
20 Min.

KOCHZEIT
45–60 Min.

ZUTATEN

750 g junge Zucchini

2 milde Zwiebeln

3 Knoblauchzehen

180 g Feinzucker

35 cl Weißweinessig

½ TL feinkörniges Salz

1 gehäufter EL Thymian-blätter

½ TL gemahlener Ingwer

1 große Prise Cayenne-pfeffer

AM BESTEN EIGNEN SICH GANZ JUNGE ZUCCHINI, DIE MILDER SIND UND WENIGER WASSER ENTHALTEN. ANDERNFALLS ENTFERNEN SIE BEI GRÖSSEREN EXEMPLAREN DEN MITTLEREN INNENTEIL MIT DEN SAMEN UND VERWENDEN NUR DAS ÄUSSERE FRUCHTFLEISCH MIT DER SCHALE.

| Zucchini unter kaltem Wasser abspülen, abtrocknen, Enden abschneiden und würfeln. Zwiebeln schälen und fein hacken. Knoblauchzehen schälen.

| Zucker und Essig unter Rühren sanft erhitzen, bis Ersterer sich aufgelöst hat.

| Zucchini, Salz, Zwiebeln, Knoblauch, Thymian, Ingwer und Cayennepfeffer hinzufügen und alles bei ganz niedriger Hitze kurz aufkochen. Bei niedrigster Temperatur unter häufigem Rühren 45 bis 60 Minuten kochen lassen, bis die Masse eindickt und die Konsistenz von Kompott hat.

| Den Topf vom Herd nehmen, die heiße Masse in Einmachgläser abfüllen und verschließen. Vor dem Verzehr abkühlen lassen, aber dieses Chutney lässt sich ziemlich schnell servieren.

HALTBARKEIT | trocken und dunkel gelagert 2 Jahre;
im Kühlschrank 6 Monate

SOMMER

AUBERGINENCHUTNEY

DIE SCHÄRFE DIESES CHUTNEYS LÄSST SICH DURCH DIE ANZAHL DER ROTEN PFEFFERSCHOTEN REGULIEREN: SIE KÖNNEN MEHRERE VERWENDEN ODER SIE EINFACH WEGLASSEN, UM DAS AROMA DER AUBERGINEN HERVORZUHEBEN.

FÜR 2 EINMACH-GLÄSER À 350 G

VORBEREITUNG
30 Min.

KOCHZEIT
45–60 Min.

ZUTATEN
800 g Auberginen

1 EL Salz

8 Knoblauchzehen

4 Schalotten

1 grüne Paprika

1–2 kleine rote Pfeffer-schoten (nach Belieben)

2 EL Olivenöl

35 cl Weißweinessig

1 TL Pfefferkörner

1 EL Paprikapulver oder -flocken, süß

180 g Feinzucker

| Von den Auberginen die Enden abschneiden, Früchte schälen und würfeln. In ein Sieb legen und, mit Salz bestreut, 1 Stunde ziehen lassen. Mit reichlich Wasser abspülen, abseihen und auf saugfähigem Küchenpapier abtropfen lassen.

| Knoblauchzehen schälen. Schalotten schälen und fein schneiden. Die Paprika vom Strunk befreien, aufschneiden, Samen und weiße Häute entfernen. In Würfel schneiden. Die Pfefferschote(n) von Samen befreien und fein hacken.

| In einem Topf Schalotten und Paprika bei ganz niedriger Hitze in Olivenöl glasig und weich dünsten.

| Auberginen, Pfefferschote, Knoblauch, Essig, Pfeffer, Paprikapulver oder -flocken und Zucker unter Rühren langsam erhitzen, bis sich der Zucker restlos aufgelöst hat. Aufkochen, dann die Temperatur reduzieren und die Mischung 45 bis 60 Minuten unter häufigem Rühren kochen lassen, bis sie eingedickt ist.

| Die Masse noch heiß in Einmachgläser füllen und diese sofort verschließen.

HALTBARKEIT | trocken und dunkel gelagert 2 Jahre; im Kühlschrank 6 Monate

SOMMER  EINFACH

TOMATEN CHUTNEY

FÜR 2 EINMACH-GLÄSER À 350 G

VORBEREITUNG
30 Min.

KOCHZEIT
30–40 Min.

ZUTATEN
1 kg schöne, reife, aber feste Tomaten

1 Zwiebel

1 kleine rote Pfefferschote (nach Belieben)

2 Knoblauchzehen

1 Stange Zimt

1 EL Olivenöl

1 Gewürznelke

½ TL feinkörniges Salz

1 EL Senfkörner

1 EL fein geschnittenes Koriandergrün

100 g Feinzucker

20 cl Apfelessig

DIESES CHUTNEY PASST ALS DIP ZUM APERITIF, ZU KLEINEN, GETOASTETEN BROTSCHEIBEN ODER TACOS UND ALS BEILAGE ZU SPARERIBS ODER GEGRILLTEN SCHWEINEFLEISCH-SPIESSCHEN.

| Tomaten 15 Sekunden in kochendem Wasser überbrühen, sofort in eine Schüssel mit kaltem Wasser tauchen und häuten. Halbieren, Samen entfernen und Fruchtfleisch klein würfeln.

| Die Zwiebel schälen und fein hacken. Pfefferschote von Strunk und Samen befreien und fein hacken. Die Knoblauchzehen schälen und zerdrücken. Die Zimtstange in kleine Stückchen brechen.

| Die Zwiebel in einem Topf bei niedriger Hitze im Olivenöl weich und glasig dünsten. Tomaten, Pfefferschote und Knoblauch, Gewürznelke und Zimt, Salz, Senfkörner und Koriander hinzufügen, mit Zucker bestreuen und mit Essig übergießen. Unter fortwährendem Rühren langsam aufkochen und unter gelegentlichem Rühren 30 bis 40 Minuten köcheln lassen.

| Hat die Masse die Konsistenz eines zähen Kompotts, den Topf vom Herd nehmen, den Inhalt in Einmachgläser füllen und diese sofort verschließen.

HALTBARKEIT | trocken und dunkel gelagert 2 Jahre;
im Kühlschrank 6 Monate

FEIGEN-HIMBEER-CHUTNEY

FÜR 2 EINMACH-
GLÄSER À 350 G

VORBEREITUNG
20 Min.

KOCHZEIT
50–60 Min.

ZUTATEN
500 g blaue, fast reife
Feigen

200 g Himbeeren

1 Sternanis

150 g Kristallzucker

25 cl Himbeeressig

5 cl Sherryessig

1 große Prise feinkörniges
Salz

2 Gewürznelken

¼ TL gemahlener Zimt

1 Prise Kurkuma

SCHNEIDEN SIE KLEINE BLÄTTERTEIGSCHEIBEN ZURECHT, STECHEN SIE SIE MEHRMALS MIT EINER GABEL EIN UND GARNIEREN SIE SIE VOR DEM BACKEN MIT ETWAS CHUTNEY: DIESE LECKEREN MINITÖRTCHEN SCHMECKEN KÖSTLICH ZU EINER SCHEIBE GÄNSELEBERPASTETE.

| Die Feigen unter kaltem Wasser abspülen, trocken tupfen und von den Stielen befreien. In kleine Viertel oder dicke Scheiben schneiden. Die ungewaschenen Himbeeren verlesen, beschädigte Früchte aussortieren. Den Sternanis zerdrücken.

| Den Zucker mit den beiden Essigsorten in einem Topf sanft erhitzen und unter Rühren restlos auflösen. Mit Feigen, Salz und Gewürzen aufkochen, dann die Temperatur reduzieren und 30 Minuten kochen lassen; dabei mehrmals umrühren.

| Himbeeren hinzufügen und alles bei niedriger Hitze noch 20 bis 30 Minuten kochen lassen, bis die Masse eindickt und die Konsistenz von Kompott hat.

| In Einmachgläser füllen, sofort verschließen und abkühlen lassen.

HALTBARKEIT | trocken und dunkel gelagert 2 Jahre;
im Kühlschrank 6 Monate

54

APRIKOSENCHUTNEY MIT ZITRONENVERBENE

FÜR 2 EINMACH-GLÄSER À 350 G

VORBEREITUNG
20 Min.

KOCHZEIT
etwa 55 Min.

ZIEHZEIT
30 Min.

ZUTATEN

800 g vollreife, aber feste Aprikosen

3 Stängel frische Zitronen-verbene

150 g Feinzucker

30 cl Apfelessig

¼ TL gemahlener Ingwer

1 große Prise Salz

WER MAG, KANN DIE ZITRONENVERBENE DURCH EINEN STÄNGEL LAVENDEL ERSETZEN, DEN MAN VOR DEM KOCHEN DER FRÜCHTE GENAUSO IN ESSIGSIRUP EINLEGT, UND ZUM SCHLUSS NOCH EINEN ESSLÖFFEL BLÜTEN UNTERZIEHEN.

| Die Aprikosen abspülen und abtrocknen, in Hälften schneiden und die Kerne herausnehmen. Die Zitronenverbene unter kaltem Wasser abspülen und trocken tupfen. Von einem Stängel die Blätter abzupfen, fein schneiden und beiseitelegen.

| In einem Topf den Zucker mit dem Essig unter Rühren langsam erhitzen, bis er sich aufgelöst hat. Aufkochen. Vom Herd nehmen, die beiden ganzen Verbenenstängel in den Sirup legen und alles zugedeckt 30 Minuten ziehen lassen.

| Stängel herausnehmen, Aprikosen, Ingwer und Salz hinzufügen, nochmals aufkochen und 45 Minuten unter häufigem Rühren köcheln lassen.

| Die klein geschnittenen Verbenenblätter hinzufügen und noch etwa 10 Minuten weiterkochen lassen, bis die Flüssigkeit verdampft ist.

| Die noch heiße Masse in Einmachgläser füllen und sofort verschließen.

HALTBARKEIT | trocken und dunkel gelagert 2 Jahre; im Kühlschrank 6 Monate

PFIRSICH-**MANDEL**-CHUTNEY

**FÜR 2 EINMACH-
GLÄSER À 350 G**

VORBEREITUNG
20 Min.

KOCHZEIT
45–60 Min.

ZUTATEN
100 g Mandelblättchen

1 kg gelbe Pfirsiche

30 cl Apfelessig

150 g Feinzucker

1 EL Blütenhonig

¼ TL feinkörniges Salz

Schale und Saft von
½ unbehandelten Zitrone

1 große Prise gemahle-
nen Zimt

2–3 Tropfen Bittermandel-
extrakt

VERWENDEN SIE FÜR DIESES CHUTNEY VOLLREIFE SOMMERFRÜCHTE UND REICHEN SIE ES EIN PAAR MONATE SPÄTER ZU GEBRATENER ENTENBRUST ODER ZU GEBRATENEM ODER KALTEM WEISSEM FLEISCH.

| Mandeln in einer beschichteten Pfanne bei mäßiger Temperatur ohne Fett leicht goldbraun rösten und beiseitestellen.

| Pfirsiche 30 Sekunden in kochendem Wasser überbrühen, danach sofort in eine Schüssel mit kaltem Wasser legen. Abseihen und schälen, in Hälften schneiden und die Kerne entfernen. Fruchtfleisch klein würfeln.

| Essig und Zucker in einem Topf unter Rühren langsam erhitzen, bis sich der Zucker restlos aufgelöst hat. Pfirsichwürfel, Honig, Salz, Zitronenzesten und -saft, Zimt, Mandeln und Bittermandelextrakt hinzufügen und die Mischung bei niedriger Hitze in 45 bis 60 Minuten unter häufigem Rühren eindicken lassen.

| Hat die Masse die Konsistenz eines Kompotts, vom Herd nehmen, in Gläser abfüllen und sofort verschließen.

HALTBARKEIT | trocken und dunkel gelagert 2 Jahre;
im Kühlschrank 6 Monate

MELONENCHUTNEY MIT GRANATAPFEL-KERNEN

DIESES STARK DUFTENDE CHUTNEY PASST ZU TERRINEN GENAUSO GUT WIE ZU ENTE, SCHWEIN ODER KALTEM FLEISCH.

FÜR 2 EINMACH-GLÄSER À 350 G

VORBEREITUNG
30 Min.

KOCHZEIT
40–50 Min.

ZIEHZEIT
12 Std.

ZUTATEN
600 g Honigmelonen-fleisch

1 TL Salz

2 Granatäpfel

120 g Feinzucker

25 cl Apfelessig

2–3 EL Grenadinesirup

2 Gewürznelken

¼ TL gemahlener Ingwer

1 TL frisch geriebener Ingwer

| Das Melonenfleisch am Vorabend klein würfeln. In eine Schüssel legen, mit etwas Salz bestreuen und im Kühlschrank 12 Stunden ziehen lassen.

| Am nächsten Tag die Melonenwürfel in einem Sieb abtropfen lassen. Granatäpfel waschen, halbieren und die Kerne mit einem Löffel herauskratzen.

| In einem Topf den Zucker mit dem Essig unter Rühren langsam erhitzen, bis der Zucker sich aufgelöst hat. Melonenwürfel und Granatapfelkerne, den Grenadinesirup, Gewürznelken, den Ingwer sowie das restliche Salz hinzufügen, gut vermischen und dann bei niedriger Hitze 40 bis 50 Minuten sanft köcheln lassen, bis die Masse dickflüssig wird.

| Ist die gewünschte Konsistenz erreicht, den noch heißen Topfinhalt in Einmachgläser abfüllen und sofort verschließen.

HALTBARKEIT | trocken und dunkel gelagert 2 Jahre;
im Kühlschrank 6 Monate

LÖFFELDESSERT AUS **WASSERMELONEN**

FÜR DIESE IN GRIECHENLAND BELIEBTE NACHSPEISE WERDEN AUCH QUITTEN, TRAUBEN, KIRSCHEN, ORANGEN, ZITRONEN, FEIGEN UND SOGAR TOMATEN UND BABY-AUBERGINEN EINGEMACHT. EINE WINZIGE PORTION, DIE GERADE AUF EINEN LÖFFEL PASST, WIRD ZU KAFFEE ODER WASSER GEREICHT ODER GARNIERT EIS, KUCHEN ODER JOGHURT.

FÜR 2 EINMACH-GLÄSER À 75 CL

VORBEREITUNG
15 Min.

KOCHZEIT
25 Min.

ZUTATEN
1 kg Wassermelone

300 g Feinzucker

10 cl Orangensaft

1 Stück unbehandelte Orangenschale

| Wassermelone schälen und Samenkerne entfernen. Fruchtfleisch würfeln.

| In einem Topf den Zucker mit 1 Liter Wasser sowie Orangensaft und -schale unter Rühren langsam erhitzen, bis sich der Zucker restlos aufgelöst hat. Dann aufkochen und 5 Minuten sprudelnd kochen lassen.

| Melonenstücke hinzufügen, nochmals aufkochen und Temperatur reduzieren. 10 Minuten bei niedrigster Temperatur unter gelegentlichem Rühren köcheln lassen.

| Die Früchte aus dem Sirup nehmen, mit einem Schaumlöffel abseihen und in die Gläser abfüllen.

| Den Sirup auf dem Herd lassen, bei hoher Temperatur um zwei Drittel einkochen und über die Früchte gießen. Gegebenenfalls einige Früchte aus den Gläsern herausnehmen, damit die restlichen vollständig bedeckt sind. Gläser luftdicht verschließen und nach dem Abkühlen im Kühlschrank aufbewahren.

HALTBARKEIT | im Kühlschrank 1 Monat; sterilisieren möglich

CASSIS-HIMBEER-GELEE

DIESE KOMBINATION AUS SCHWARZEN JOHANNISBEEREN UND FEINEN HIMBEEREN IST HALB GELEE, HALB KONFITÜRE.

FÜR 5 EINMACH-GLÄSER À 375 G

VORBEREITUNG (INKL. KOCHZEIT)
40 Min.

ABTROPFZEIT
2 Std.

ZUTATEN
1 kg Himbeeren

1 kg schwarze Johannisbeeren

1 kg Kristallzucker (dieselbe Menge wie die des erkalteten Safts)

Saft von 1 kleinen Zitrone

| Die ungewaschenen Himbeeren vorsichtig verlesen. Die schwarzen Johannisbeeren unter kaltem Wasser abspülen, abtropfen lassen und abbeeren. Mit 15 cl Wasser in einem Topf aufkochen und zugedeckt etwa 5 Minuten sprudelnd kochen lassen, damit die Beeren platzen.

| Topf vom Herd nehmen, den Inhalt in ein feinmaschiges Sieb oder ein mit Musselin oder einem Baumwollgeschirrtuch ausgelegtes Salatsieb geben und 1 bis 2 Stunden abtropfen lassen. Möglichst viel Saft auffangen und dazu die Früchte vorsichtig mit der Rückseite einer Schaumkelle flach drücken.

| Die Himbeeren in einem feinmaschigen Passiergerät zu Mus ohne Kerne verarbeiten. Den abgetropften Cassis-Saft und das Himbeermus getrennt wiegen und dieselbe Menge Zucker bereitstellen.

| Cassis-Saft, Zucker und Zitronensaft in einem Marmeladentopf langsam unter regelmäßigem Rühren erhitzen. Sobald sich der Zucker restlos aufgelöst hat, den entstandenen Sirup aufkochen und abschäumen.

| Das Himbeermus hinzufügen, gut vermischen und nochmals aufkochen. Etwa 10 Minuten unter ständigem Rühren sprudelnd kochen lassen, bis die Masse eindickt.

| Für die Gelierprobe etwas Konfitüre auf einen kalten Teller geben oder ein Zuckerthermometer verwenden. Dann die Masse vom Herd nehmen und nochmals abschäumen. Die Einmachgläser füllen, verschließen und zum Abkühlen auf den Kopf stellen.

HALTBARKEIT | trocken und dunkel gelagert 2 Jahre;
im Kühlschrank 6 Monate

PFIRSICH-MELONEN-KONFITÜRE MIT MANDELN

FÜR 4–5 EINMACH-GLÄSER À 375 G

VORBEREITUNG (INKL. KOCHZEIT)
30 Min.

ZIEHZEIT
12 Std.

ZUTATEN
1,2 kg gelbe Pfirsiche
(ergibt entsteint und
geschält 1 kg)

400 g Melonenfrucht-
fleisch (ergibt 300 g netto)

1 kg Kristallzucker

Saft von 1 kleinen Zitrone

24 Mandelblättchen

IM AUGUST WERDEN ZAHLREICHE SORTEN GELBER PFIRSICHE REIF. JETZT IST AUCH DIE RICHTIGE ZEIT FÜR DIE ZUCKERSÜSSEN CHARENTAIS-MELONEN MIT IHREM ORANGEFARBENEN FRUCHTFLEISCH.

| Pfirsiche 30 Sekunden mit kochendem Wasser überbrühen, dann schälen, entsteinen und klein würfeln. Die Melone schälen, Samenkörner entfernen und das Fruchtfleisch in gleich große Würfel schneiden.

| Früchte, Zucker und Zitronensaft in einer Schüssel zugedeckt 12 Stunden im Kühlschrank ziehen lassen. Von Zeit zu Zeit umrühren, damit sich der Zucker restlos auflöst.

| Die Mischung in ein feinmaschiges Sieb geben, auf einen Marmeladentopf stellen und den Saft abtropfen lassen. Früchte beiseitestellen. Diesen Sirup aufkochen, abschäumen und bei 105 °C kochen lassen (Temperatur mithilfe eines Zuckerthermometers überprüfen).

| Früchte zurück in den Sirup geben und alles nochmals aufkochen. Abschäumen und unter regelmäßigem Rühren so lange weiterkochen lassen, bis die Früchte glasig sind und die Konfitüre eindickt.

| Zum Schluss die Mandeln dazugeben und alles einige Sekunden sprudelnd kochen lassen.

| Konsistenz mit der Gelierprobe oder einem Zuckerthermometer überprüfen, den Topf vom Herd nehmen und den Inhalt nochmals abschäumen. Ein letztes Mal umrühren, damit sich die Mandeln gut verteilen. In Einmachgläser füllen, verschließen und zum Abkühlen auf den Kopf stellen.

HALTBARKEIT | trocken und dunkel gelagert 2 Jahre;
im Kühlschrank 6 Monate

APRIKOSEN-ORANGEN-KONFITÜRE

FÜR 3–4 EINMACH-GLÄSER À 375 G

VORBEREITUNG (INKL. KOCHZEIT)
20 Min.

ZIEHZEIT
12 Std.

ZUTATEN
1,2 kg reife, aber feste Aprikosen (ergibt entkernt etwa 1 kg)

1 große unbehandelte Orange

Saft von 1 kleinen Zitrone

750 g Kristallzucker

DIE BERGERON-APRIKOSE IST EINE HOCHSOMMERFRUCHT. DIE EBENSO FESTE, AROMATISCHE ROUGE DU ROUSSILLON IST EIN BISSCHEN FRÜHER REIF. AUS DIESEN BEIDEN SORTEN LÄSST SICH DIE BESTE KONFITÜRE ALLER ZEITEN ZUBEREITEN.

| Die Aprikosen abspülen und abtropfen lassen. In Hälften schneiden und die Kerne entfernen. Dicke Früchte vierteln. Die Orange unter kaltem Wasser abbürsten, abtrocknen, hauchdünne Streifen mit dem Sparschäler oder Zestenreißer von der Schale abziehen und fein hacken. Orange auspressen und den Saft auffangen.

| Die Aprikosen im Wechsel mit dem Zucker in eine Terrine schichten. Mit den fein gehackten Zesten bestreuen und nach und nach den Orangen- und Zitronensaft darübergießen. Backpapier direkt auf die Früchte legen und sie 12 Stunden im Kühlschrank ziehen lassen.

| Die Mischung in einen Marmeladentopf umfüllen und aufkochen. Abschäumen und etwa 10 Minuten unter vorsichtigem Rühren sprudelnd kochen lassen, ohne die Früchte zu zerdrücken. Wenn die Aprikosen glasig sind und der Sirup eingedickt ist, für die Gelierprobe etwas Konfitüre auf einen kalten Teller geben.

| Topf vom Herd nehmen, Oberfläche abschäumen und ein letztes Mal umrühren, damit sich die Früchte gut verteilen. Die Einmachgläser füllen, verschließen und zum Abkühlen auf den Kopf stellen.

HALTBARKEIT | trocken und dunkel gelagert 2 Jahre; im Kühlschrank 6 Monate

NEKTARINENKONFITÜRE MIT PINIENKERNEN UND HONIG

DER HONIG MUSS DEN GESCHMACK DER FRÜCHTE HERVORHEBEN UND DARF IHN NICHT ÜBERLAGERN. NEHMEN SIE FÜR EIN AUSGEWOGENES AROMA EINEN NEUTRALEN HONIG.

| Die Nektarinen 30 Sekunden mit kochendem Wasser überbrühen. Schälen, entsteinen und klein würfeln. In einer Schüssel mit Zucker und Zitronensaft vermengen und zugedeckt 12 Stunden im Kühlschrank ziehen lassen.

| Anschließend mit dem Honig in einem Marmeladentopf unter regelmäßigem Rühren langsam erhitzen. Sobald sich der Zucker aufgelöst hat, die Mischung aufkochen und abschäumen. Etwa 10 Minuten unter ständigem Rühren sprudelnd kochen lassen, bis der Sirup eindickt und die Früchte glasig werden. Pinienkerne vorsichtig unterrühren und das Ganze einige Sekunden aufkochen.

| Für die Gelierprobe etwas Konfitüre auf einen kalten Teller geben oder ein Zuckerthermometer verwenden. Sirup vom Herd nehmen und nochmals abschäumen. Ein letztes Mal umrühren, damit sich die Pinienkerne gut verteilen. In die Einmachgläser füllen, verschließen und zum Abkühlen auf den Kopf stellen.

HALTBARKEIT | trocken und dunkel gelagert 2 Jahre;
im Kühlschrank 6 Monate

SOMMER *Mittel*

WEINBERGPFIRSICH-KONFITÜRE

FÜR 4–5 EINMACH-GLÄSER À 375 G

VORBEREITUNG (INKL. KOCHZEIT)
30 Min.

ZIEHZEIT
12 Std.

ZUTATEN
1 ½ kg Weinbergpfirsiche
(ergibt entsteint 1,2 kg)

Saft von 1 Zitrone

900 g Kristallzucker

WEINBERGPFIRSICHE HEISSEN SO, WEIL DIE BÄUME ANS ENDE DER REBEN-REIHEN GEPFLANZT WURDEN. IHR PURPURFARBENES, WEISS GEÄDERTES FRUCHTFLEISCH SCHMECKT KÖSTLICH UND ZERGEHT AUF DER ZUNGE.

| Pfirsiche 30 Sekunden mit kochendem Wasser überbrühen. Dann schälen, entsteinen und klein würfeln. Sofort in einem Marmeladentopf mit Zitronen-saft und Zucker vorsichtig vermengen und mit Backpapier abdecken. Im Kühlschrank 12 Stunden ziehen lassen.

| Die Früchte über einem Marmeladentopf durch ein Sieb gießen und den Saft abtropfen lassen. Die Pfirsiche beiseitestellen.

| Den Saft langsam auf 110 °C erhitzen und kochen lassen (Temperatur mit-hilfe eines Zuckerthermometers überprüfen). Die beiseitegestellten Pfirsiche dazugeben und nochmals aufkochen. Abschäumen und unter regelmäßi-gem Rühren 5 bis 10 Minuten sprudelnd kochen lassen, bis die Früchte gla-sig und vollständig mit dem Sirup bedeckt sind.

| Für die Gelierprobe etwas Konfitüre auf einen kalten Teller geben oder das Zuckerthermometer verwenden. Topf vom Herd nehmen, Oberfläche abschäumen. Die Einmachgläser füllen, verschließen und zum Abkühlen auf den Kopf stellen.

HALTBARKEIT | trocken und dunkel gelagert 2 Jahre;
im Kühlschrank 6 Monate

SOMMER

REINECLAUDEN-KONFITÜRE MIT ROSMARIN

**FÜR 4–5 EINMACH-
GLÄSER À 375 G**

VORBEREITUNG (INKL. KOCHZEIT)
30 Min.

ZIEHZEIT
12 Std.

ZUTATEN
1,2 kg Reineclauden
(ergibt entsteint 1 kg)

800 g Kristallzucker

Saft von 1 kleinen Zitrone

10 kleine Stängel frischer
Rosmarin

DIE AUS FRANKREICH STAMMENDEN REINECLAUDEN, EINE SEHR AROMA-
TISCHE SORTE DER EDEL-PFLAUME, SIND NACH DER KÖNIGIN REINE
CLAUDE BENANNT. KLEINE GRÜNE ODER GELBE REINECLAUDEN MACHEN
SICH IM GLAS FARBLICH BESSER ALS DIE DICKEREN MIT DUNKLER SCHALE.

| Reineclauden unter kaltem Wasser abspülen, abtrocknen, halbieren und
entsteinen. Sofort mit dem Zucker und dem Zitronensaft in eine Terrine geben
und mit Backpapier abdecken. Im Kühlschrank 12 Stunden ziehen lassen,
dabei von Zeit zu Zeit umrühren, damit sich der Zucker restlos auflöst.

| Früchte mit den Rosmarinstängeln in einem Marmeladentopf aufkochen,
abschäumen und immer wieder umrühren, bis die Reineclauden richtig
im Sirup schwimmen und dieser eindickt.

| Für die Gelierprobe etwas Konfitüre auf einen kalten Teller geben oder
ein Zuckerthermometer verwenden. Die Masse vom Herd nehmen, nochmals abschäumen und umrühren. Anschließend in die Einmachgläser gießen und darauf achten, dass der Rosmarin gleichmäßig verteilt ist. Einmachgläser verschließen und zum Abkühlen auf den Kopf stellen.

HALTBARKEIT | trocken und dunkel gelagert 2 Jahre;
im Kühlschrank 6 Monate

SOMMER **EINFACH**

MIRABELLEN-**ZITRONEN**-KONFITÜRE

EIN GROSSTEIL DER MIRABELLEN STAMMT AUS DEM ELSASS UND LOTHRINGEN. VERSÄUMEN SIE NICHT DIE SEHR KURZE SAISON DIESER GELBEN AROMATISCHEN, SÜSSEN PFLAUME, DIE SICH HERVORRAGEND FÜR KONFITÜRE EIGNET.

FÜR 4–5 EINMACH-GLÄSER À 375 G

VORBEREITUNG (INKL. KOCHZEIT)
30 Min.

ZUTATEN
1,4 kg Mirabellen (ergibt entsteint 1,2 kg)

Schale und Saft von 1 großen unbehandelten Zitrone

1 kg Kristallzucker

| Mirabellen abspülen und abtropfen lassen. Aufschneiden, ohne die Hälften zu trennen, und entsteinen.

| Die Zitrone unter kaltem Wasser abbürsten, abtrocknen, die Schale abziehen und fein hacken. Zitrone auspressen und den Saft auffangen.

| Zucker und 20 cl Wasser in einem Marmeladentopf langsam und unter regelmäßigem Rühren erhitzen, bis sich der Zucker restlos aufgelöst hat. Diesen Sirup aufkochen und auf 105 °C erhitzen (Temperatur mithilfe eines Zuckerthermometers überprüfen).

| Zitronensaft und die feingehackte Schale hinzufügen. 3 Minuten kochen lassen, dann die Mirabellen dazugeben. Vermengen, nochmals aufkochen, abschäumen und unter vorsichtigem Rühren sprudelnd kochen lassen, bis die Konfitüre eindickt und die Früchte richtig darin schwimmen.

| Für die Gelierprobe etwas Konfitüre auf einen kalten Teller geben oder ein Zuckerthermometer verwenden. Fruchtmasse vom Herd nehmen, abschäumen und ein letztes Mal umrühren. Die Einmachgläser füllen, verschließen und abkühlen lassen.

HALTBARKEIT | trocken und dunkel gelagert 2 Jahre; im Kühlschrank 6 Monate

GEWÜRZ-**PFIRSICHE**

FÜR 1 EINMACH-GLAS À ETWA 1,2 L

VORBEREITUNG
30 Min.

KOCHZEIT
8–10 Min.

ZIEHZEIT
1 Monat

ZUTATEN
1 ½ kg gelbe Pfirsiche

800 g Kristallzucker

50 cl Weißweinessig

8 Gewürznelken

2 Kapseln Kardamom

2 Sternanis

1 kleine Zimtstange

DIESEN SÜSSSAUREN SIRUP KÖNNEN SIE AUCH GUT MIT ÄPFELN ODER BIRNEN ZUBEREITEN. REICHEN SIE IHN ZU GEGRILLTEM SCHWEINEFLEISCH ODER GEBRATENEM GEFLÜGEL.

| Pfirsiche 30 Sekunden in einem Topf mit kochendem Wasser überbrühen, mit einem Schaumlöffel herausnehmen und sofort in einer Schüssel mit eiskaltem Wasser abschrecken. Abseihen und auf einem Tuch abkühlen lassen.

| Halbieren, vorsichtig schälen und Steine entfernen.

| Den Zucker in einem rostfreien Kochtopf mit dem Essig und den Gewürzen sanft erhitzen, bis er sich restlos aufgelöst hat. Anschließend alles aufkochen.

| 2 bis 3 Minuten sprudelnd kochen lassen, dann die Pfirsichhälften dazugeben und etwa 4 Minuten köcheln lassen, bis sie gerade weich sind.

| Die Früchte und die Gewürze mit einer kleinen Schaumkelle herausnehmen und in die Gläser füllen.

| Den Sirup bei starker Hitze etwas einkochen lassen, dann die Pfirsiche großzügig damit übergießen. Gläser luftdicht verschließen und kühl und dunkel lagern. Vor dem Verzehr mindestens 1 Monat ruhen lassen.

HALTBARKEIT | kühl gelagert 6 Monate; sterilisieren möglich

WALNUSSWEIN À LA NANOU

FÜR 8 FLASCHEN À ETWA 75 CL

VORBEREITUNG
45 Min.

ZIEHZEIT
6 Monate + 3 Monate

ZUTATEN
30–40 grüne, an Johanni geerntete Walnüsse (je nach Größe)

5 l guten Rotwein (12–13 % vol.)

50 cl klarer Schnaps (40 % vol.)

1 kg Feinzucker

1 Vanilleschote

3 Gewürznelken

2 EL Zimt

| Die Walnüsse mit der Schale grob zerkleinern und zusammen mit Wein und Schnaps in einen Glasballon mit weitem Hals oder in große Einmachgläser füllen. Luftdicht verschließen.

| Kühl und dunkel mindestens 6 Monate ziehen lassen.

| Durch ein Trichtersieb filtern.

| Den Zucker, die halbierte Vanilleschote, die Gewürznelken und Zimt hinzufügen. Nochmals 3 Monate ruhen lassen, das Gefäß dabei immer wieder schütteln.

| Inhalt in Flaschen abfüllen und luftdicht verschließen.

HALTBARKEIT | trocken und dunkel gelagert mehrere Jahre

HIMBEERLIKÖR

FÜR ETWA 1 L

VORBEREITUNG
30 Min.

KOCHZEIT
5 Min.

ZIEHZEIT
2 Monate + 2 Wochen

ZUTATEN
750 g Himbeeren

etwa 75 cl weißen Schnaps (40 % vol.)

300 g Feinzucker

20 cl Wasser

| Die ungewaschenen Himbeeren verlesen und beschädigte oder faule Früchte aussortieren.

| Die Himbeeren in ein Glas füllen, mit der Rückseite eines Löffels grob zerdrücken, damit der Saft austritt, und 2 cm hoch mit Schnaps bedecken. Glas verschließen und 2 Monate ruhen lassen.

| Glasinhalt durch ein Trichtersieb abseihen, den ganzen Saft auffangen und das Fruchtfleisch mit einem Holzlöffel gut auspressen. Ein- bis zweimal filtern, bis die Flüssigkeit klar ist.

| Den Zucker im Wasser langsam erhitzen und so lange rühren, bis er sich aufgelöst hat. 1 Minute sprudelnd kochen lassen, vom Herd nehmen und abkühlen lassen. Diesen Sirup gut mit dem Himbeersaft vermengen.

| In Flaschen abfüllen, luftdicht verschließen und bis zum Öffnen 2 Wochen kühl stellen.

HALTBARKEIT | mehrere Jahre

APFELESSIG MIT GEWÜRZEN

FÜR 60 CL

VORBEREITUNG
20 Min.

KOCHZEIT
10 Min.

ZUTATEN
½ TL schwarze Pfefferkörner

½ TL Korianderkörner

¼ TL Cayennepfeffer

4 Gewürznelken

1 kleine Zimtstange

50 cl Apfelessig

5 cl frischer Apfelsaft

| Die Gewürze in ein quadratisches Stück Musselin wickeln oder in eine Gewürzkugel geben.

| Essig und Apfelsaft in einen rostfreien Topf gießen, die Gewürzkugel hineinhängen und alles aufkochen. Die Temperatur reduzieren und 10 Minuten sprudelnd kochen lassen, dabei ein- bis zweimal abschäumen.

| Vom Herd nehmen, Gewürze herausnehmen und die Flüssigkeit ein letztes Mal abschäumen. In Flaschen füllen und mit einem Korken oder Plastikstöpsel verschließen.

HALTBARKEIT | 1 Jahr

BROMBEERESSIG

FÜR 50 CL

VORBEREITUNG
15 Min.

KOCHZEIT
2 Min.

ZIEHZEIT
2 Wochen + 2 Wochen

ZUTATEN
200 g Brombeeren

2 EL Feinzucker

50 cl Weißwein-, Rotwein- oder Apfelessig

| Brombeeren ungewaschen verlesen, dabei beschädigte Früchte aussortieren. In ein Glas füllen, mit der Rückseite eines Löffels leicht zerdrücken und mit Zucker bestreuen.

| Den Essig bei niedriger Hitze erhitzen, aber nicht kochen lassen und warm über die Brombeeren gießen. Das Glas luftdicht verschließen und 2 Wochen an einem kühlen Ort ziehen lassen. Von Zeit zu Zeit schütteln.

| Den Glasinhalt durch ein Trichtersieb in eine Flasche füllen, diese mit einem Korken oder Plastikstöpsel verschließen. Noch 2 Wochen ruhen lassen.

| Falls sich Bodensatz bildet, vor dem Genuss nochmals filtern. Die Flasche dabei möglichst wenig bewegen, um den Bodensatz nicht aufzuwirbeln, und den Inhalt durch einen mit einem Papierfilter ausgekleideten Trichter direkt in eine andere Flasche umfüllen. Zur Dekoration ein paar frische Brombeeren in die Flasche geben.

HALTBARKEIT | 1 Jahr

STEINPILZ-ÖL

FÜR 50 CL

VORBEREITUNG
30 Min.

KOCHZEIT
20 Min.

ZIEHZEIT
24 Std.

ZUTATEN
250 g frische Steinpilze

50 cl Sonnenblumen- oder mildes Olivenöl

| Die unteren Pilzenden von Erde befreien. Pilze nicht abspülen, sondern nur mit einem feuchten Küchenpapier abreiben. Gut trocken tupfen und in dicke Scheiben schneiden.

| Den Backofen auf 100 °C vorheizen (Umluft 80 °C). Steinpilze auf einem mit Backpapier belegten Blech verteilen und im Backofen 20 Minuten trocknen.

| Steinpilze in einem Topf mit dem Öl übergießen und bei niedriger Hitze auf 70 °C erhitzen. Vom Herd nehmen und zugedeckt abkühlen lassen.

| Die Pilze mit dem Öl in ein Glas füllen, luftdicht verschließen und 24 Stunden an einem kühlen, vor Licht geschützten Ort ziehen lassen.

| Das Öl durch ein Trichtersieb filtern, in eine Flasche abfüllen und verschließen.

HALTBARKEIT | 1 Jahr

LEICHT SCHARFES ÖL

FÜR 30 CL

VORBEREITUNG
20 Min.

KOCHZEIT
10 Min.

ZIEHZEIT
12 Std.

ZUTATEN
6–8 getrocknete rote Pfefferschoten (nach Belieben)

30 cl Mais- oder Sonnenblumenöl

1 TL Sesamöl

1 Prise Salz

GETROCKNETE PFEFFERSCHOTEN SIND MILDER ALS FRISCHE. UM DIE SCHÄRFE NOCH MEHR ZU REDUZIEREN, SOLLTEN SIE SIE ERST HACKEN, NACHDEM SIE SIE AUFGESCHNITTEN UND DIE SAMEN ENTFERNT HABEN.

| Pfefferschoten grob hacken. In einem Topf mit dem Öl bei ganz niedriger Hitze etwa 10 Minuten erhitzen, aber nicht kochen lassen, damit sie schön rot werden.

| Vom Herd nehmen und abkühlen lassen. Mit Sesamöl und Salz vermengen. Zugedeckt 12 Stunden ziehen lassen.

| Mit einem Trichtersieb in eine Flasche füllen, diese verschließen und kühl stellen: Das Öl kann ab sofort konsumiert werden.

HALTBARKEIT | 1 Jahr

CHINESISCHE SAUCE MIT **ZWETSCHGEN**

DIESE HAUSGEMACHTE ZWETSCHGENSAUCE IST ANDERS ALS HANDELS-ÜBLICHE WÜRZEN UND PASST AUCH ZU SO EINFACHEN ASIATISCHEN GERICHTEN WIE GEBRATENER ENTE.

| Zwetschgen unter kaltem Wasser abspülen, abtrocknen, in Hälften schneiden und entsteinen.

| Sternanis, Zimt, Szechuanpfeffer und getrocknete Pfefferschote zerdrücken und alles in ein quadratisches Stück Musselin einwickeln. Die Knoblauchzehe schälen und zerdrücken.

| Die Zwiebel schälen und fein hacken und bei ganz niedriger Hitze unter häufigem Rühren im Öl weich andünsten. Zwetschgen, Knoblauch, Essig und Salz hinzufügen, aufkochen und 20 bis 30 Minuten bei ganz niedriger Hitze unter häufigem Rühren schmoren lassen.

| Sobald die Fruchtmasse richtig musig ist, im Mixer zu einem feinen, flüssigen Püree zerkleinern. Dieses Püree anschließend mit etwas Druck passieren.

| Püree in den gespülten Topf zurückgießen und mit der Sojasauce, dem Roh-Rohrzucker (oder braunen Rübenzucker) und dem Gewürzsäckchen bei ganz niedriger Hitze 15 bis 30 Minuten köcheln lassen. Dabei häufig umrühren, damit die Masse eindickt und cremig wird.

| Hat die Masse die gewünschte Konsistenz erreicht, in Einmachgläser füllen, abkühlen lassen und kühl lagern.

HALTBARKEIT | im Kühlschrank 3 Monate; sterilisieren möglich

FÜR 2 FLASCHEN À 30 CL ODER 3 GLÄSER À 20 CL

VORBEREITUNG
40 Min.

KOCHZEIT
45–75 Min.

SCHMORZEIT
20–30 Min.

ZIEHZEIT
15–30 Min.

ZUTATEN
1 kg Zwetschgen

2 Sternanis

½ cm Zimtstange

1 TL Szechuanpfeffer

½ TL getrocknete rote Pfefferschote (nach Belieben)

1 Knoblauchzehe

1 Zwiebel

2 EL Sonnenblumenöl

50 cl Rotweinessig

1 TL Salz

10 cl Sojasauce

125 g Roh-Rohrzucker oder brauner Rübenzucker

MINI-CHAMPIGNONS IN ÖL

VORBEREITUNG
30 Min.

KOCHZEIT
10–15 Min.

ZIEHZEIT
2 Wochen

ZUTATEN
1 kg sehr kleine Champignons

1–2 Knoblauchzehen

20 cl Weißweinessig

Salz und Pfeffer aus der Mühle

½ EL Korianderkörner

2 cm Zitronenschale

etwa 50 cl Olivenöl

WENN GERADE PILZZEIT IST, KAUFEN ODER SAMMELN SIE AM BESTEN GANZ KLEINE WALDPILZE (STEINPILZE ODER PFIFFERLINGE).

❘ Von den Champignons den Stiel direkt unter dem Hut abschneiden. Nicht abspülen, sondern nur mit einem feuchten Küchenpapier abreiben. Die Knoblauchzehen schälen.

❘ Champignons mit Essig, 25 cl Wasser, Salz und Pfeffer in einer Schmorpfanne zum Köcheln bringen, dann die Temperatur reduzieren. Zugedeckt 10 bis 15 Minuten sanft köcheln lassen, dabei häufig umrühren.

❘ Champignons in einem Sieb abtropfen lassen, auf einem Tuch ausbreiten und abkühlen lassen.

❘ Die richtig trockenen Champignons im Wechsel mit den Korianderkörnern in Gläser füllen. In die Mitte die Zitronenschale und den Knoblauch schieben.

❘ Das Öl bei niedriger Hitze auf 70 bis 80 °C erhitzen, die Champignons großzügig damit bedecken und die Gläser verschließen.

❘ Die Gläser vor dem Verzehr der Champignons trocken und kühl 2 Wochen ruhen lassen.

HALTBARKEIT ❘ kühl gelagert 6 Monate

MARINIERTE PAPRIKA

FÜR 2 EINMACH-GLÄSER À 50 CL

VORBEREITUNG
40 Min.

KOCHZEIT
15–18 Min.

ZUTATEN
4 rote Paprika

4 grüne Paprika

2 kleine Knoblauchzehen
(nach Belieben)

etwa 50 cl Olivenöl

Fleur de Sel und Pfeffer

2 Stängel frischer
Thymian

FÜR MEHR SCHÄRFE LEGEN SIE DIE PAPRIKA ZUERST 1–2 MINUTEN IN KOCHENDEN WEISSWEINESSIG. LASSEN SIE SIE AUF EINEM TUCH AB-TROPFEN UND TROCKNEN SIE DIE PAPRIKA SORGFÄLTIG AB, BEVOR SIE DAS ÖL DARÜBERGIESSEN.

| Den Backofengrill einschalten. Ein Backblech mit Backpapier auslegen.

| Paprikaschoten der Länge nach in Hälften schneiden. Strunk, Samen und innere Trennhäute entfernen, dann jede Hälfte in breite Längsstreifen schneiden. Diese mit der Haut nach oben auf das Blech legen und etwa 20 cm von den Grillstäben entfernt in den Ofen schieben. 15 bis 18 Minuten grillen, bis die Haut schwarz wird und Blasen wirft.

| Paprika aus dem Ofen nehmen, kurz abkühlen lassen und häuten. Auf saugfähiges Küchenpapier legen und sorgfältig trocknen.

| Die Knoblauchzehen (falls Sie welche verwenden) schälen.

| Den Boden der Gläser mit etwas Olivenöl bedecken, dann die Paprika in wechselnder Farbe einschichten. Zwischen den einzelnen Schichten salzen und pfeffern und in jedes Glas eine Knoblauchzehe und einen Thymian-stängel schieben. Die Gläser mit Öl auffüllen und dabei entstehende Luft-blasen mit der Rückseite eines Löffels herausdrücken. Gläser verschließen und in den Kühlschrank stellen.

HALTBARKEIT | im Kühlschrank 2 Wochen; sterilisieren möglich

EINGELEGTE **SCHALOTTEN** MIT GEWÜRZEN

SCHALOTTEN KARAMELLISIEREN BUCHSTÄBLICH IM SIRUP. DAMIT SIE NICHT ZERFALLEN, DÜRFEN SIE NUR LANGSAM UND BEI GANZ NIEDRIGER HITZE KÖCHELN. GEBEN SIE EVENTUELL EIN PAAR KREUZKÜMMEL- UND KORIANDERSAMEN IN DIE GLÄSER DAZU.

| Schalotten mit dem Ansatz schälen, damit sie beim Kochen nicht zerfallen. 2 Minuten in kochendes Wasser legen, abseihen.

| In eine Schüssel mit Wasser legen, Salz hineinrühren, damit es sich auflöst, Schalotten beschweren und 24 Stunden ziehen lassen.

| Schalotten in ein Sieb geben, unter fließendem Wasser abspülen und abtropfen lassen.

| Alle Gewürze, die Zitronenschale und die Pfefferschote in ein kleines quadratisches Stück Musselin einwickeln.

| Essig und Zucker in einem großen Topf zum Köcheln bringen. Die Oberfläche abschäumen und das Gewürzsäckchen hinzufügen.

| In diesem Sirup die Schalotten 15 Minuten auf niedrigster Stufe kochen lassen. Vom Herd nehmen und zugedeckt über Nacht in der Kochflüssigkeit ziehen lassen.

| Die Flüssigkeit am nächsten Tag nochmals zum Kochen bringen und wieder über Nacht ziehen lassen.

| Am dritten Tag noch einmal bei niedrigstmöglicher Temperatur etwa 2 Stunden, ohne umzurühren, köcheln lassen, bis die Schalotten goldbraun und glasig sind. Vorsichtig mit einem kleinen Schaumlöffel abseihen und in die Gläser füllen.

| Den Sirup 5 Minuten sprudelnd kochen lassen und so viel davon über die Schalotten gießen, dass sie vollständig bedeckt sind. Gläser verschließen, kühl lagern und vor dem Öffnen mindestens 2 Wochen ruhen lassen.

HALTBARKEIT | 1 Jahr; sterilisieren möglich

FÜR 2 EINMACH-GLÄSER À ETWA 40 CL

VORBEREITUNG
45 Min.

KOCHZEIT
2 Std.

ZIEHZEIT
24 Std. + 12 Std. + 2 Wochen

ZUTATEN
750 g Schalotten

80 g grobkörniges Salz

2 Gewürznelken

1 EL Korianderkörner

1 TL Kreuzkümmelsamen

1 kleine Zimtstange

2 cm Zitronenschale

½ sehr scharfe Bird's-Eye-Pfefferschote (nach Belieben)

1 l Weißweinessig

500 g Kristallzucker

CHUTNEY AUS **HOKKAIDOKÜRBIS** UND GETROCKNETEN **APRIKOSEN**

FÜR 2 EINMACH-GLÄSER À 350 G

VORBEREITUNG
30 Min.

KOCHZEIT
50–60 Min.

ZUTATEN
400 g Hokkaidokürbis

200 g getrocknete Aprikosen

150 g brauner Rübenzucker (oder brauner Zucker)

20 cl Apfelessig (oder Weißweinessig)

15 cl Saft von 1 Orange

1 EL frischer, fein geriebener Ingwer

3 Pfefferkörner

1 große Prise Salz

FALLS DIE APRIKOSEN SEHR TROCKEN SIND, WEICHEN SIE SIE ZUERST 2 STUNDEN IN KOCHEND HEISSEM WASSER EIN, DAMIT SIE AM ENDE DES KOCHVORGANGS IN ETWA DIESELBE KONSISTENZ WIE DER KÜRBIS HABEN. VOR DER VERWENDUNG ABTROPFEN LASSEN.

▌Das Kürbisfleisch klein würfeln, die getrockneten Aprikosen in kleinere Stückchen schneiden.

▌In einem Topf Kürbis und Aprikosen mit Zucker, Essig und Orangensaft, Ingwer, Pfeffer und Salz gut vermischen und unter Rühren langsam erhitzen.

▌Sobald sich der Zucker restlos aufgelöst hat, die Masse aufkochen und 50 bis 60 Minuten sanft köcheln lassen. Dabei immer wieder umrühren und ab und zu Wasser angießen, falls zu viel Flüssigkeit verdampft.

▌Sobald die Masse dickflüssig wie ein Kompott ist, noch heiß in Gläser abfüllen und sofort verschließen.

HALTBARKEIT | trocken und dunkel gelagert 2 Jahre; im Kühlschrank 6 Monate

PAPRIKACHUTNEY

FÜR 4 EINMACH-GLÄSER À 25 CL

VORBEREITUNG
30 Min.

KOCHZEIT
50–60 Min.

ZIEHZEIT
1 Std. + 2 Wochen

ZUTATEN
3 rote Paprika

3 grüne Paprika

1 EL feinkörniges Salz

2 Knoblauchzehen

2 Zwiebeln

2 Äpfel (Reinette oder Golden Delicious)

1–2 kleine getrocknete rote Pfefferschoten (nach Belieben)

200 g Feinzucker

40 cl Apfelessig

2 Gewürznelken

½ TL gemahlener Kreuzkümmel

1 TL schwarze Senfkörner

DIESES CHUTNEY ERHÄLT EINE VÖLLIG ANDERE GESCHMACKSNOTE, WENN SIE ES MIT ODER OHNE PFEFFERSCHOTEN ZUBEREITEN. JE MEHR PFEFFERSCHOTEN SIE VERWENDEN, DESTO PIKANTER UND „INDISCHER" WIRD ES.

| Paprika in Hälften schneiden, Strunk, Samen und innere Trennhäute entfernen, Schoten würfeln.

| Über einer Schüssel in ein Sieb legen, mit Salz bestreuen und 1 Stunde Wasser ziehen lassen. Mit reichlich kaltem Wasser abspülen und gut abtropfen lassen.

| Knoblauchzehen häuten. Zwiebeln schälen und hacken. Äpfel schälen, vom Gehäuse befreien und klein würfeln. Nach Belieben eine Pfefferschote halbieren und nach dem Entfernen der Samen klein schneiden.

| Alle Zutaten außer den Gewürzen in einem Topf unter Rühren langsam erhitzen, bis sich der Zucker restlos aufgelöst hat. Nun die Gewürze hinzufügen, zum Kochen bringen und 45 bis 60 Minuten bei ganz niedriger Hitze köcheln lassen. Dabei hin und wieder umrühren, damit die Masse eindickt.

| Sobald die Zutaten richtig verkocht sind und genügend Flüssigkeit verdampft ist, in Gläser füllen und luftdicht verschließen. Vor dem Verzehr mindestens 2 Wochen im Kühlschrank ruhen lassen.

HALTBARKEIT | 6 Monate; sterilisieren möglich

PFLAUMEN-**WALNUSS**-CHUTNEY

FÜR 2 EINMACH-
GLÄSER À 350 G

VORBEREITUNG
20 Min.

KOCHZEIT
45–60 Min.

ZUTATEN
700 g Pflaumen

1 große rote Zwiebel

1 große Prise Salz

1 TL Quatre-épices
(Gewürzmischung aus
weißem Pfeffer, getrock-
netem Ingwer, Muskat-
nuss und Gewürznelken)

1 Prise gemahlener
Ingwer

150 g brauner Rüben-
zucker

30 cl Rotweinessig

100 Walnusskerne

IM JUNI EIGNEN SICH DIE GRÜNEN WALNÜSSE FÜR DIESES CHUTNEY. AB SEPTEMBER KÖNNEN SIE DIE ERSTEN REIFEN WALNÜSSE NEHMEN. BEI DEN PFLAUMEN EIGNEN SICH ALLE SORTEN. KOMBINIEREN SIE DIESES CHUTNEY AM BESTEN MIT EINEM LAMMGERICHT.

| Die Pflaumen unter kaltem Wasser abspülen, abtrocknen und je nach Größe vierteln oder achteln. Steine entfernen. Die Zwiebel schälen und hacken.

| Pflaumen, Zwiebel, Salz und Gewürze in einen Topf geben, mit dem Zucker bestreuen, Essig darübergießen und unter Rühren langsam erhitzen. Sobald der Zucker sich aufgelöst hat, die Masse aufwallen lassen und 45 bis 60 Minuten unter häufigem Rühren köcheln lassen, bis das Kompott dickflüssig ist.

| Die grob gehackten Walnusskerne hinzufügen und alles gut vermengen. Nochmals kurz aufkochen und den Topf vom Herd nehmen.

| Das noch heiße Chutney in die Einmachgläser füllen und diese sofort verschließen.

HALTBARKEIT | trocken und dunkel gelagert 2 Jahre;
im Kühlschrank 6 Monate

BROMBEER-STERNANIS-CHUTNEY

FÜR 2 EINMACH-GLÄSER À 350 G

VORBEREITUNG
20 Min.

KOCHZEIT
etwa 50 Min.

ZUTATEN
600 g Brombeeren

1 großen Apfel (Reinette oder Golden Delicious)

Saft von ½ Zitrone

2 Sternanis

15 cl Rotwein

15 cl Rotweinessig

180 g Kristallzucker

1 Prise Quatre-épices (Gewürzmischung aus weißem Pfeffer, getrocknetem Ingwer, Muskatnuss und Gewürznelken)

1 große Prise feinkörniges Salz

BEREITEN SIE DIESES CHUTNEY GEMEINSAM MIT DEN KINDERN ZU, DAMIT AUCH SIE DIESE SÜSS-SAURE KÖSTLICHKEIT KENNEN UND SCHÄTZEN LERNEN.

| Brombeeren verlesen, kurz unter kaltem Wasser abspülen und auf einem Tuch abtropfen lassen. Den Apfel schälen, vierteln, dabei Gehäuse und Kerne entfernen. Fruchtfleisch ganz klein würfeln. Sofort mit Zitronensaft beträufeln, damit es sich nicht braun verfärbt.

| Einen Sternanis zerdrücken, den anderen ganz belassen.

| Rotwein, Essig, Zucker und den Anis in einem Topf langsam unter Rühren erhitzen, bis sich der Zucker restlos aufgelöst hat. Die Apfelwürfel, die Brombeeren, die Gewürzmischung und das Salz hinzufügen, aufkochen und bei ganz niedriger Hitze etwa 50 Minuten köcheln lassen. Dabei immer wieder umrühren, damit die Masse eindickt.

| Den ganz belassenen Sternanis herausnehmen und die noch heiße Masse in die Einmachgläser füllen. Sofort verschließen.

HALTBARKEIT | trocken und dunkel gelagert 2 Jahre; im Kühlschrank 6 Monate

BIRNEN-**GEWÜRZ**-CHUTNEY

**FÜR 2 EINMACH-
GLÄSER À 350 G**

ZUBEREITUNG
20 Min.

KOCHZEIT
50–60 Min.

ZUTATEN
30 cl Apfelessig

5 cl Saft von 1 Zitrone

3 große Birnen

1 kleines Stück Zitronen-
schale

1 Vanilleschote

2 Gewürznelken

¼ TL gemahlener Zimt

160 g Feinzucker

1 große Prise Salz

SIE KÖNNEN ZU BEGINN DES KOCHVORGANGS 100 G GELBE ROSINEN ZU DEN BIRNEN GEBEN. DAMIT DIESE AUFQUELLEN KÖNNEN, OHNE DIE MASSE AUSZUTROCKNEN, GIESSEN SIE RUHIG MEHRMALS WASSER AN: REGULIEREN SIE SPÄTER DAS VERDAMPFEN DER FLÜSSIGKEIT AUCH ANHAND DER KOCHZEIT.

| Essig und Zitronensaft in einen Topf geben.

| Birnen schälen, vierteln, dabei Gehäuse und Kerne entfernen. Frucht-fleisch ganz klein würfeln und nacheinander in die Flüssigkeit gleiten las-sen, damit sie sich nicht braun verfärben.

| Zitronenschale, die der Länge nach aufgeschnittene Vanilleschote, Gewürz-nelken und Zimt hinzufügen und alles mit Zucker und Salz bestreuen.

| Unter ständigem Rühren langsam erhitzen, damit der Zucker sich auflöst. Anschließend aufkochen und 50 bis 60 Minuten unter häufigem Rühren bei niedriger Temperatur sanft köcheln lassen.

| Sobald genügend Flüssigkeit verdampft ist, den Topf vom Herd nehmen. Die Vanilleschote auskratzen und Samen gut mit der Birnenmasse vermen-gen. Die Schote wegwerfen.

| In Einmachgläser füllen und sofort verschließen.

HALTBARKEIT | trocken und dunkel gelagert 2 Jahre;
im Kühlschrank 6 Monate

QUITTEN-**ORANGEN**-CHUTNEY

FÜR 2 EINMACH-GLÄSER À 350 G

VORBEREITUNG
30 Min.

KOCHZEIT
etwa 1 Std.

ZUTATEN
20 cl Apfelessig

5 cl Saft von 1 Zitrone

20 cl Saft von 1 Orange

750 g Quitten

200 g Roh-Rohrzucker oder brauner Rübenzucker

1 Vanilleschote

1 große Prise Salz

1 kleine Zimtstange

1 Sternanis

1 EL klein gehackter frischer Ingwer

QUITTEN, KURZ IN BUTTER GOLDGELB GEDÜNSTET, SIND WIE ÄPFEL EINE KÖSTLICHE SÜSS-SALZIGE BEILAGE ZU BESTIMMTEN FLEISCHGERICHTEN. DIESES SÜSS-SAURE CHUTNEY PASST BESONDERS GUT DAZU.

| Essig, Zitronensaft und Orangensaft in einen Topf gießen.

| Quittenflaum mit einem Tuch abreiben, die Früchte unter kaltem Wasser abspülen, schälen, vierteln und alle harten Teile entfernen. Fruchtfleisch klein würfeln und, damit es sich nicht braun verfärbt, nach und nach in den Topf mit der Flüssigkeit gleiten lassen.

| Mit Zucker bestäuben, die der Länge nach halbierte Vanilleschote, Salz, Zimt, Sternanis und Ingwer hinzufügen. Unter Rühren langsam erhitzen, bis sich der Zucker restlos aufgelöst hat. Dann etwa 1 Stunde bei sehr niedriger Hitze unter sehr häufigem Rühren köcheln lassen, damit die Früchte kandieren und die Masse eindickt.

| Ist genügend Flüssigkeit verdampft, den Topf vom Herd nehmen. Die Vanilleschote über dem Topf auskratzen, die Samen unterrühren und die Schote wegwerfen. Zimtstange und Sternanis herausnehmen. Die Masse in Einmachgläser füllen und sofort verschließen.

HALTBARKEIT | trocken und dunkel gelagert 2 Jahre; im Kühlschrank 6 Monate

APFEL-ZIMT-CHUTNEY

PROBIEREN SIE DOCH MAL MIT DEN LETZTEN ÄPFELN AUS IHRER OBST-SCHALE DIESES ORIGINELLE CHUTNEY AUS: DAS ZIMTAROMA IST SO INTENSIV, DASS SIE MIT DEM VERZEHR NICHT LANGE WARTEN MÜSSEN.

FÜR 2 EINMACH-GLÄSER À 350 G

VORBEREITUNG
30 Min.

KOCHZEIT
etwa 1 Std.

ZUTATEN
2 große Zwiebeln

40 cl Apfelessig

Saft von 1 Zitrone

4 schöne Äpfel (Reinette oder Golden Delicious)

200 g brauner Rüben-zucker oder heller Feinzucker

1 TL gemahlener Zimt

1 große Prise Salz

| Die Zwiebeln schälen und hacken. Essig und Zitronensaft in einen Topf gießen.

| Äpfel schälen und vierteln, Gehäuse und Kerne entfernen. Fruchtfleisch klein würfeln und nach und nach zum Essig geben, damit es sich nicht braun verfärbt.

| Die Zwiebeln hinzufügen, Zucker darüberstreuen, Zimt und Salz dazugeben, dann alles unter Rühren langsam erhitzen. Sobald sich der Zucker restlos aufgelöst hat, die Masse aufkochen und etwa 1 Stunde weiterkochen lassen. Falls die Flüssigkeit zu schnell verdampft, immer wieder etwas Wasser angießen, bis Zwiebeln und Äpfel richtig kandiert sind.

| Sobald die Masse dickflüssig wie ein Kompott ist, vom Herd nehmen, in Einmachgläser füllen und sofort verschließen.

HALTBARKEIT | trocken und dunkel gelagert 2 Jahre; im Kühlschrank 6 Monate

APFEL-BIRNEN-VANILLE-KONFITÜRE

FÜR EIN EHER SÄUERLICHES AROMA NEHMEN SIE GRÜNE ÄPFEL, WIE GRANNY SMITH, ODER EINFACH NOCH NICHT GANZ REIFE FRÜCHTE.

FÜR 5 EINMACH-GLÄSER À 375 G

VORBEREITUNG (INKL. KOCHZEIT)
20 Min.

ZIEHZEIT
12 Std.

ZUTATEN
2 Vanilleschoten

Saft von 2 Zitronen

30 cl Apfelsaft

750 g Äpfel (Golden Delicious oder Gala)

750 g saftige, reife, aber feste Birnen (Guyot oder Williams)

800 g Kristallzucker

| Die Vanilleschoten der Länge nach halbieren und jede Hälfte nochmals halbieren. Zitronensaft und die Hälfte des Apfelsafts in eine Schüssel geben.

| Äpfel und Birnen schälen, halbieren, Gehäuse und Kerne entfernen, das Fruchtfleisch in dünne Scheiben schneiden oder klein würfeln. Nach und nach zum Apfel-Zitronensaft geben. Dann die Vanilleschoten hinzufügen, umrühren, die Früchte direkt mit Backpapier abdecken und im Kühlschrank 12 Stunden ziehen lassen.

| Den restlichen Apfelsaft mit dem Zucker in einem Marmeladentopf unter regelmäßigem Rühren langsam erhitzen. Sobald sich der Zucker restlos aufgelöst hat, die Masse aufkochen und diesen Sirup auf 110 °C erhitzen (mit einem Zuckerthermometer prüfen).

| Den Inhalt der Schüssel in den Marmeladentopf füllen und nochmals aufkochen. Abschäumen und unter fortwährendem Rühren etwa 10 Minuten sprudelnd kochen lassen, bis die Konfitüre eindickt und die Früchte richtig in der Flüssigkeit schwimmen.

| Für die Gelierprobe etwas Konfitüre auf einen kalten Teller geben oder ein Zuckerthermometer verwenden, dann vom Herd nehmen und nochmals abschäumen. Die Vanillestückchen auf die Einmachgläser verteilen und diese mit der noch heißen Konfitüre füllen. Sofort verschließen und zum Abkühlen auf den Kopf stellen.

HALTBARKEIT | trocken und dunkel gelagert 2 Jahre; im Kühlschrank 6 Monate

95

QUITTENKONFITÜRE MIT GEWÜRZEN

FÜR 4–5 EINMACH-GLÄSER À 375 G

VORBEREITUNG (INKL. KOCHZEIT)
40 Min.

ZIEHZEIT
12 Std.

ZUTATEN
Saft von 1 Zitrone

1,4 kg vollreife Quitten (ergibt geschält und ent-kernt 1 kg)

1 Vanilleschote

750 g Kristallzucker

1 Prise gemahlener Zimt

1 Gewürznelke

5 cm Orangenschale

REICHEN SIE DIESE KONFITÜRE WIE EIN CHUTNEY ZU GÄNSELEBERPASTETE ODER WEISSEM FLEISCH. SIE KÖNNEN DIE QUITTEN AUCH DURCH ÄPFEL ODER BIRNEN ERSETZEN (MAXIMAL DIE HÄLFTE DER MENGE).

| Eine Schüssel mit reichlich Wasser und Zitronensaft füllen.

| Quitten schälen, vierteln, Gehäuse und alle harten Teile entfernen. Früchte in ganz dünne Viertel schneiden und, damit sie nicht braun werden, nach und nach ins Zitronenwasser legen. Die Vanilleschote der Länge nach in zwei Hälften schneiden und jede Hälfte nochmals halbieren.

| In einem Marmeladentopf 30 cl Wasser mit dem Zucker unter Rühren langsam erhitzen. Wenn sich der Zucker restlos aufgelöst hat, Gewürze, Vanille und Orangenschale hinzufügen und alles aufkochen.

| Quittenscheiben abseihen, in den gewürzten Sirup tauchen, nochmals aufkochen und den Topf vom Herd nehmen. Die Masse in eine Terrine füllen, mit Backpapier abdecken und im Kühlschrank 12 Stunden ziehen lassen.

| Inhalt aus der Terrine in den Marmeladentopf zurückgießen und aufkochen. Abschäumen und unter häufigem Rühren etwa 10 Minuten sprudelnd kochen lassen, bis die Früchte glasig sind und der Sirup dickflüssig ist.

| Für die Gelierprobe etwas Konfitüre auf einen kalten Teller geben oder ein Zuckerthermometer verwenden. Die Gewürznelke herausnehmen, die Vanillestückchen auf die Einmachgläser verteilen und die Masse ein letztes Mal umrühren. Die Konfitüre noch heiß einfüllen, Einmachgläser auf den Kopf stellen und erkalten lassen.

HALTBARKEIT | trocken und dunkel gelagert 2 Jahre; im Kühlschrank 6 Monate

ZWETSCHGEN-**WALNUSS**-KONFITÜRE

FÜR 4 EINMACH-GLÄSER À 375 G

VORBEREITUNG (INKL. KOCHZEIT)
20 Min.

ZIEHZEIT
12 Std.

ZUTATEN
30 Walnusskerne

1,2 kg knapp reife Zwetschgen (ergibt entsteint 1 kg)

850 g Kristallzucker

Saft von 1 kleinen Zitrone

FRISCH GEERNTETE WALNÜSSE EIGNEN SICH AM BESTEN, ABER ENTFERNEN SIE VORHER DAS DÜNNE WEISSE HÄUTCHEN, DAS DIE KERNE UMGIBT UND SIE BITTER MACHT.

| Alle Walnusskerne halbieren und beiseitestellen.

| Die Zwetschgen abspülen und abtropfen lassen. Halbieren und entsteinen und in einer Schüssel sofort mit Zucker und Zitronensaft vermengen. Die Früchte direkt mit Backpapier abdecken und im Kühlschrank 12 Stunden ziehen lassen. Dabei hin und wieder umrühren, damit sich der Zucker richtig auflöst.

| Diese Masse über einem Marmeladentopf in ein Sieb füllen und den Saft abtropfen lassen. Früchte beiseitestellen.

| Flüssigkeit auf 110 °C erhitzen (Temperatur mithilfe eines Zuckerthermometers überprüfen). Zwetschgen hinzufügen und nochmals aufkochen. Abschäumen und etwa 10 Minuten sprudelnd kochen lassen, dabei regelmäßig umrühren, bis die Früchte glasig sind und richtig im Sirup schwimmen. Die Walnüsse hinzufügen und einige Sekunden aufkochen.

| Für die Gelierprobe etwas Konfitüre auf einen kalten Teller geben oder ein Zuckerthermometer verwenden. Ein letztes Mal umrühren, damit sich die Walnüsse gut verteilen, und in Einmachgläser füllen. Verschließen und zum Abkühlen auf den Kopf stellen.

HALTBARKEIT | trocken und dunkel gelagert 2 Jahre;
im Kühlschrank 6 Monate

BROMBEERKONFITÜRE OHNE SAMEN

FÜR 4–5 EINMACH-
GLÄSER À 375 G

VORBEREITUNG (INKL. KOCHZEIT)
40 Min.

ZUTATEN
1 ½ kg schwarze Brom-
beeren

etwa 800 g Kristallzucker
(gleiche Menge wie Mus)

Saft von 1 Zitrone

JE SCHWÄRZER DIE BROMBEEREN, DESTO MEHR DUFTET DIE KONFITÜRE. WÜNSCHEN SIE EIN EHER SÄUERLICHES AROMA, DANN ERSETZEN SIE EINE GROSSE HANDVOLL FRÜCHTE DURCH RÖTERE FRÜCHTE.

| Brombeeren verlesen, kurz unter kaltem Wasser abspülen und abtropfen lassen. In einem Marmeladentopf mit 20 cl Wasser 5 Minuten sprudelnd kochen lassen, damit sie zerplatzen.

| Brombeeren mit der Rückseite eines Schaumlöffels nach und nach zerdrücken, durch eine Gemüsepresse mit feinmaschigem Einsatz pressen, damit nur Fruchtfleisch und Saft, aber keine Samen zurückbleiben. Das Mus wiegen und die gleiche Menge Zucker vorbereiten.

| Fruchtmus, Zucker und Zitronensaft in einem Marmeladentopf vermengen und unter ständigem Rühren erhitzen. Sobald sich der Zucker restlos aufgelöst hat, das Mus aufkochen, abschäumen und unter regelmäßigem Rühren sprudelnd kochen lassen, bis der Gelierpunkt (105 °C auf dem Zuckerthermometer) erreicht ist.

| Für die Gelierprobe etwas Konfitüre auf einen kalten Teller geben oder das Zuckerthermometer benutzen, Topf vom Herd nehmen und Inhalt nochmals abschäumen. In Einmachgläser füllen, diese verschließen und zum Abkühlen auf den Kopf stellen.

HALTBARKEIT | trocken und dunkel gelagert 2 Jahre;
im Kühlschrank 6 Monate

BIRNEN-ROTE-JOHANNISBEEREN-KONFITÜRE

ROTE JOHANNISBEEREN LIEFERN DAS PEKTIN, DAS DEN BIRNEN FEHLT. AUSSERDEM GLEICHT DIE BEERENSÄURE DIE SÜSSE DIESER HERBST-FRÜCHTE PERFEKT AUS.

FÜR 5 EINMACH-GLÄSER À ETWA 375 G

VORBEREITUNG (INKL. KOCHZEIT)
40 Min.

ZUTATEN
600 g Rote Johannis-beeren

Saft von ½ Zitrone

1 ½ kg saftige, reife, aber feste Birnen (Guyot oder Williams) (ergibt geschält 1,2 kg)

800 g Kristallzucker

| Die Roten Johannisbeeren in einem Topf mit 20 cl Wasser aufkochen. 5 Minuten sprudelnd kochen lassen, damit die Beeren aufplatzen, dann über einem Marmeladentopf in ein feinmaschiges Sieb füllen, damit der Saft abtropfen kann. Früchte mit der Rückseite eines Schaumlöffels ausdrü-cken, dann den Zitronensaft dazugießen.

| Birnen schälen, halbieren, Gehäuse und Kerne entfernen, Fruchtfleisch in dünne Scheiben schneiden oder klein würfeln. Nach und nach zu der Beerenmischung geben.

| Den Zucker einrühren und alles langsam erhitzen, bis der Zucker sich rest-los aufgelöst hat. Anschließend aufkochen, abschäumen und unter regel-mäßigem Rühren etwa 10 Minuten sprudelnd kochen lassen, bis die Birnen glasig sind und der Sirup eingedickt ist.

| Für die Gelierprobe etwas Konfitüre auf einen kalten Teller geben oder das Zuckerthermometer benutzen, dann vom Herd nehmen und nochmals abschäumen. In Einmachgläser füllen, verschließen und zum Abkühlen auf den Kopf stellen.

HALTBARKEIT | trocken und dunkel gelagert 2 Jahre;
im Kühlschrank 6 Monate

KONFITÜRE AUS BLAUEN **FEIGEN**

FÜR 3–4 EINMACH-GLÄSER À 375 G

VORBEREITUNG (INKL. KOCHZEIT)
30 Min.

ZIEHZEIT
12 Std.

ZUTATEN
1,2 kg kleine blaue Feigen

800 g Zucker

Saft von 1 Zitrone

GANZ KLEINE FEIGEN MIT GANZ DÜNNER BLAUER HAUT SIND AM AROMATISCHSTEN. HÄUFIG WERDEN SIE UNREIF GEERNTET, ABER ERNTEFRISCHE FRÜCHTE ERGEBEN DIE BESTE KONFITÜRE.

| Feigen unter kaltem Wasser abspülen, abtrocknen und entstielen. Klein vierteln und mit Zucker und Zitronensaft in einer Schüssel vermischen. Mit Backpapier belegen und 12 Stunden im Kühlschrank ziehen lassen; dabei regelmäßig umrühren, damit sich der Zucker restlos auflöst.

| Die Fruchtmischung über einem Marmeladentopf in ein feinmaschiges Sieb geben und den Saft abtropfen lassen. Früchte beiseitestellen.

| Langsam aufkochen und auf 110 °C erhitzen (die Temperatur mit einem Zuckerthermometer überprüfen). Feigen in den Saft rühren und alles erneut aufkochen. Unter häufigem Rühren sprudelnd kochen lassen, bis die Früchte richtig im Sirup schwimmen und dieser dickflüssig wird.

| Für die Gelierprobe etwas Konfitüre auf einen kalten Teller geben oder ein Zuckerthermometer verwenden. Topf vom Herd nehmen und Inhalt erneut abschäumen. Die Gläser mit der noch heißen Konfitüre füllen, verschließen und auf den Kopf stellen.

HALTBARKEIT | trocken und dunkel gelagert 2 Jahre; im Kühlschrank 6 Monate

blaue Feige

APFELGELEE MIT **JASMINBLÜTEN**

FÜR 3–4 EINMACH-GLÄSER À 375 G

VORBEREITUNG (INKL. KOCHZEIT)
30 Min.

FILTERZEIT
12 Std.

ZUTATEN
Saft von 1 kleinen Zitrone

1 kg Äpfel (Golden Delicious oder Granny Smith)

etwa 750 g Kristallzucker

1 Glas (20 cl) frisch gepflückte Jasminblüten

ALLE SORTEN VON WEISSEN JASMINBLÜTEN DUFTEN. SIE KÖNNEN DIE FRISCHEN BLÜTEN DURCH 2 ESSLÖFFEL GETROCKNETE BLÜTEN ERSETZEN: SIE ZIEHEN WÄHREND DES KOCHENS IM SIRUP.

▌1 Liter Wasser mit dem Zitronensaft in einen Marmeladentopf geben.

▌Die Äpfel waschen, abtrocknen und mit Schale, Gehäuse und Kernen in dünne Scheiben schneiden. Nacheinander ins Zitronenwasser gleiten lassen, damit sie nicht braun werden. Erhitzen und 15 bis 20 Minuten kochen lassen, bis die Früchte fast weich sind.

▌Topfinhalt über einer Schüssel in ein Sieb schütten und den Saft 12 Stunden abtropfen lassen. Mit der Rückseite eines Schaumlöffels möglichst viel Saft aus den Äpfeln drücken.

▌Gewonnenen Saft abwiegen und vom Zucker drei Viertel dieser Menge abmessen. Saft und Zucker im Marmeladentopf langsam erhitzen, dabei regelmäßig verrühren. Hat sich der Zucker vollständig aufgelöst, die Masse aufkochen und den Sirup unter ständigem Rühren 10 bis 15 Minuten sprudelnd kochen lassen. Die Jasminblüten hinzufügen und den Sirup so lange weiterkochen lassen, bis er den Gelierpunkt (105 °C auf dem Zuckerthermometer) erreicht hat.

▌Für die Gelierprobe etwas Konfitüre auf einen kalten Teller geben oder das Zuckerthermometer benutzen, dann vom Herd nehmen und nochmals abschäumen. Das Gelee sofort filtern, damit die Jasminblüten zurückbleiben, und in Einmachgläser füllen. Verschließen und zum Abkühlen auf den Kopf stellen.

HALTBARKEIT | trocken und dunkel gelagert 2 Jahre;
im Kühlschrank 6 Monate

HAUSGEMACHTER **GRENADINE**SIRUP

FÜR ETWA 70 CL

VORBEREITUNG
40 Min.

KOCHZEIT
15 Min.

ZUTATEN
2 kg vollreife Granatäpfel

Saft von 1 Zitrone (nach Belieben)

400 g Puder- oder Kristallzucker

| Granatäpfel waschen und abtrocknen. Quer halbieren und mit einer Zitronenpresse auspressen. Vom Saft 60 cl abmessen. Falls die Granatäpfel sehr süß sind, den Zitronensaft hinzufügen.

| Den Saft durch ein Trichtersieb in einen Topf filtern und mit dem Zucker unter Rühren bei ganz niedriger Hitze aufkochen, bis sich der Zucker restlos aufgelöst hat.

| Die Masse 10 Minuten sprudelnd kochen lassen, vom Herd nehmen, sorgfältig abschäumen und in Flaschen abfüllen. Verschließen und kühl und dunkel aufbewahren.

HALTBARKEIT | 3 Monate

QUITTEN-RATAFIA

FÜR ETWA 1 L

VORBEREITUNG
40 Min.

KOCHZEIT
3 Min.

ZIEHZEIT
2 Monate + 1 Monat

ZUTATEN
2 kg vollreife Quitten

50 cl klarer Schnaps (40 % vol.)

1 kleine Zimtstange

2 Gewürznelken

250 g brauner Feinzucker

| Quittenflaum mit einem Tuch abreiben. Früchte schälen, unter kaltem Wasser abspülen, vierteln und alle harten Teile entfernen.

| Fruchtfleisch im Entsafter entsaften, Saft auffangen. Mindestens 50 cl Saft mit Schnaps, Zimt und Gewürznelken in ein Einmachglas geben, luftdicht verschließen und an einem kühlen, dunklen Ort 2 Monate ziehen lassen.

| Nach dieser Zeit aus Zucker und 10 cl Wasser einen Sirup zubereiten, langsam unter Rühren erhitzen, bis sich der Zucker aufgelöst hat, dann 1 Minute sprudelnd kochen lassen. Vom Herd nehmen und erkalten lassen.

| Den Glasinhalt durch ein Trichtersieb filtern. Den Sirup hinzufügen und gut verrühren. In Flaschen abfüllen und verschließen. Vor dem Öffnen noch 1 Monat ruhen lassen.

HALTBARKEIT | 3 Monate

FÜR 75 CL

VORBEREITUNG
20 Min.

KOCHZEIT
2 Min.

ZIEHZEIT
6 Wochen + 1 Woche

ZUTATEN
60 g frische, vollreife
Wacholderbeeren

75 cl Schnaps

200 g Zucker

WACHOLDERBEERENSCHNAPS

VERWENDEN SIE FÜR DIESEN WACHOLDERSCHNAPS NUR VOLLREIFE BEEREN, KEINE GETROCKNETEN, DENN DIE HABEN EIN ANDERES AROMA. SIE KÖNNEN AUSSERDEM NOCH 1 TEELÖFFEL SAFRAN DAZUGEBEN.

| Ein Einmachglas mit Wacholderbeeren und Schnaps füllen, verschließen und den Inhalt 6 Wochen ziehen lassen.

| Den Zucker in 5 cl Wasser langsam erhitzen, damit er sich auflöst. Diesen Sirup zur Schnaps-Beeren-Mischung geben und gut verrühren. Noch eine Woche ziehen lassen.

| Den Glasinhalt durch ein Trichtersieb filtern, in Flaschen abfüllen und verschließen.

HALTBARKEIT | mehrere Jahre

FÜR 1,5 L
(2 FLASCHEN À
ETWA 75 CL)

VORBEREITUNG
30 Min.

ZIEHZEIT
1 Monat + 2 Monate

ZUTATEN
1 kg wilde Brombeeren

500 g Puder- oder Kristallzucker

1 l klarer Schnaps
(40 % vol.)

LIKÖR AUS WILDEN BROMBEEREN

| Brombeeren ungewaschen verlesen, dabei beschädigte Früchte aussortieren. Früchte in ein Einmachglas füllen und mit einem Holzlöffel oder -stößel zerdrücken, damit der Saft austritt.

| Mit Zucker bestreuen und umrühren. Dann Schnaps dazugießen, erneut umrühren und das Gefäß luftdicht verschließen. Kühl und dunkel 1 Monat ziehen lassen, dabei das Glas mehrmals schütteln.

| Durch ein Trichtersieb filtern, in Flaschen abfüllen und diese luftdicht verschließen. Vor dem Öffnen noch 2 Monate ruhen lassen.

HALTBARKEIT | 2 Jahre

KRATZEN SIE BEI ZITRUSFRÜCHTEN DIE WEISSE HAUT, DIE DIE FRUCHT UMHÜLLT, MIT EINEM MESSER VON DER SCHALE AB. DIESE MACHT DAS ÖL ODER DEN ESSIG UNTER UMSTÄNDEN EIN WENIG BITTER.

ORANGENESSIG

FÜR ETWA 50 CL

VORBEREITUNG
15 Min.

ZIEHZEIT
2 Wochen

ZUTATEN
Schale von 1 unbehandelten Orange

50 cl Rotwein- oder Weißweinessig

| Orange unter kaltem Wasser abbürsten und gut abtrocknen. Mit einem Sparschäler dünn die Schale abziehen, ohne die weiße Haut zu beschädigen.

| Die Schalen in einem Einmachglas mit Essig übergießen. Verschließen und an einem warmen, sonnigen Ort 2 Wochen ziehen lassen.

| Die Schalen herausnehmen und den Essig mit einem mit Filterpapier ausgelegten Trichter in Flaschen füllen, diese mit einem Korken oder einem Plastikstöpsel verschließen.

HALTBARKEIT | 2 Jahre oder länger

OLIVENÖL MIT ZITRONEN UND THYMIAN

FÜR ETWA 50 CL

VORBEREITUNG
15 Min.

KOCHZEIT
2 Min.

ZIEHZEIT
1 Woche

ZUTATEN
Schale von 3 unbehandelten Zitronen

50 cl natives Olivenöl

1 EL Honig (nach Belieben)

1 kleiner Stängel getrockneter Thymianzweig

| Die Zitronen unter fließend kaltem Wasser abbürsten, dann abtrocknen. Die Schale mit einem Sparschäler dünn abziehen, ohne die weiße Haut zu beschädigen.

| Die Schalen in kleine Streifen schneiden und mit der Hälfte des Öls in einem Topf auf 40 °C erhitzen.

| Vom Herd nehmen, den Honig hinzufügen und schmelzen lassen. Zugedeckt bis zum völligen Erkalten ruhen lassen.

| Thymian und Schalen in ein Einmachglas geben und das Glas mit dem ganzen Öl auffüllen. Verschließen und an einem kühlen, lichtgeschützten Ort lagern. 1 Woche ziehen lassen.

| Öl filtern, in Flaschen abfüllen und luftdicht verschließen. Kühl und dunkel aufbewahren.

HALTBARKEIT | 1 Jahr

OLIVEN AUF PROVENZALISCHE ART

FÜR 2 EINMACH-GLÄSER Á 50 CL

VORBEREITUNG
10 Min.

ZIEHZEIT
3–4 Tage

ZUTATEN
2 kleine Knoblauchzehen

600g Oliven in Salzlake

2 Stängel frischer Thymian

2 Lorbeerblätter

etwa 40cl Öl

MIT DIESEM EINFACHEN REZEPT KÖNNEN SIE AUS GANZ GEWÖHNLICHEN OLIVEN ETWAS TOLLES MACHEN. SUCHEN SIE SICH KRÄUTER AUS, NEHMEN SIE NACH BELIEBEN KNOBLAUCH UND STECKEN SIE, FALLS SIE ES SCHARF MÖGEN, NOCH EIN KLEINES STÜCK PFEFFERSCHOTE INS GLAS.

| Knoblauchzehen schälen.

| Oliven in ein Sieb geben, die Lake unter kaltem Wasser abspülen, Oliven abtropfen lassen und mit saugfähigem Küchenpapier trocken tupfen.

| In jedes Einmachglas Oliven sowie je 1 Thymianzweig, 1 Lorbeerblatt und 1 Knoblauchzehe geben. Mit reichlich Öl bedecken und Gläser mehrmals auf die Arbeitsfläche klopfen, damit die Luftblasen entweichen.

| Gläser verschließen und 3 bis 4 Tage im Kühlschrank ruhen lassen. Vor dem Verzehr den Knoblauch herausnehmen.

HALTBARKEIT | kühl gelagert 6 Monate

TAPENADE

VORBEREITUNG
10 Min. (40 Min. mit in Salz
eingelegten Anchovis)

ZUTATEN
8 Anchovisfilets, in Öl
oder Salz eingelegt

1 Knoblauchzehe (nach
Belieben)

300g entsteinte schwarze
Oliven

2–3 EL schwarze Oliven
à la grecque (nach Be-
lieben)

1 gehäufter EL feine
Kapern, mit Essiglake

1 EL Zitronensaft

5–10cl Olivenöl

DIE KAPERN, AUF PROVENZALISCH TAPENOS, HABEN DIESER SAUCE
IHREN NAMEN VERLIEHEN. WENN SIE SIE MIT GRÜNEN OLIVEN ZUBE-
REITEN, NEHMEN SIE ETWAS WENIGER ANCHOVIS UND FÜGEN SIE
60 BIS 80 GRAMM MANDELBLÄTTCHEN HINZU. PÜRIEREN SIE DIE MASSE
SO LANGE IM MIXER, BIS EINE SCHÖN GESCHMEIDIGE PASTE ENTSTEHT.

| Bei Verwendung von in Salz eingelegten Anchovis diese 30 Minuten in ein
Glas mit kaltem Wasser legen. Anchovis mit den Fingern öffnen, die Mittel-
gräte herausnehmen und die Filets mit saugfähigem Küchenpapier einzeln
trocken tupfen.

| Die Knoblauchzehe schälen, halbieren und den Keim entfernen.

| Alle Oliven zunächst mit dem elektrischen Blitzhacker grob zerkleinern.

| Kapern, Anchovis, Knoblauchzehe und Zitronensaft hinzufügen, weitere
2 bis 3 Minuten mixen, dabei nach und nach das Olivenöl angießen, bis
eine dicke, sämige Paste entsteht.

| Paste in Einmachgläser füllen, zum Abschluss eine dünne Schicht Olivenöl
daraufgießen, luftdicht verschließen und in den Kühlschrank stellen.

HALTBARKEIT | kühl gelagert mehrere Wochen; sterilisieren möglich

 WINTER EINFACH

ZWIEBELN IN ROTWEIN

**FÜR 2 EINMACH-
GLÄSER À 350 G**

VORBEREITUNG
20 Min.

KOCHZEIT
1 ¼ Std.

ZUTATEN
600 g Zwiebeln

2 EL Sonnenblumenöl

150 g Kristallzucker

15 cl Rotwein

15 cl Sherryessig

1 große Prise Salz

2 Gewürznelken

1 Prise gemahlene
Muskatnuss

1 Prise Zimt

1 Prise Cayennepfeffer

FÜR DIESES REZEPT EIGNEN SICH ALLE ZWIEBELSORTEN, ABER AM BES-
TEN NEHMEN SIE ROTE ZWIEBELN. NACH UNGEFÄHR DER HÄLFTE DER
KOCHZEIT KANN MAN 1 ODER 2 ESSLÖFFEL GRENADINESIRUP IN DIE
MASSE GEBEN.

| Zwiebeln schälen und in Scheiben schneiden. In einem Topf bei ganz
niedriger Hitze unter häufigem Rühren im Öl weich und glasig anschwitzen.
Gegebenenfalls etwas Wasser während der Kochzeit angießen, damit sie
nicht braun werden.

| Mit Zucker bestreuen, Rotwein, Essig, Salz und alle Gewürze hinzufügen,
dann unter ständigem Rühren langsam erhitzen. Sobald sich der Zucker
restlos aufgelöst hat, die Masse aufkochen und unter häufigem Rühren etwa
1 ¼ Stunden köcheln lassen.

| Die Zwiebeln vom Herd nehmen, sobald sie vollständig kandiert sind, eine
schöne rote Farbe angenommen haben und keine Flüssigkeit mehr übrig
ist. In Einmachgläser füllen und verschließen.

HALTBARKEIT | trocken und dunkel gelagert 2 Jahre;
im Kühlschrank 6 Monate

BANANENCHUTNEY MIT MILDEM CURRY

**FÜR 2 EINMACH-
GLÄSER À 350 G**

VORBEREITUNG
20 Min.

KOCHZEIT
40–60 Min.

ZUTATEN
1 große Zwiebel

800 g Bananen

35 cl Weißwein- oder Apfelessig

Saft von 1 Zitrone

150 g brauner Rüben-zucker oder heller Feinzucker

1 EL mildes Currypulver

1 Prise gemahlener Ingwer

½ TL feinkörniges Salz

DIESES BANANENCHUTNEY IST EHER FÜR DEN EMPFINDLICHEN GAUMEN GEDACHT, ABER MAN KANN NATÜRLICH STATT DEM MILDEN AUCH EIN SCHÄRFERES CURRY SOWIE 1 ODER 2 GANZ FEIN GEHACKTE, FRISCHE PFEFFERSCHOTEN VERWENDEN.

| Zwiebel schälen und fein hacken.

| Bananen schälen, würfeln und mit dem Essig und Zitronensaft in einen Topf geben.

| Zwiebel hinzufügen, alles langsam aufkochen und unter gelegentlichem Rühren 30 bis 40 Minuten kochen lassen.

| Zucker, Curry, Ingwer und Salz hineinrühren und unter sehr häufigem Rühren noch etwa 10 bis 20 Minuten bei ganz niedriger Hitze kochen, bis die Masse eingedickt ist.

| Sobald genügend Flüssigkeit verdampft ist, das Chutney in Einmachgläser füllen und diese sofort verschließen.

HALTBARKEIT | trocken und dunkel gelagert 2 Jahre;
im Kühlschrank 6 Monate

KOKOSNUSS-CHUTNEY

FÜR 2 EINMACH-
GLÄSER À 350 G

VORBEREITUNG
30 Min.

KOCHZEIT
45 Min. oder länger

ZUTATEN
1 Stk. (400 g) frische
Kokosnuss

1 frische kleine grüne
Pfefferschote

1 Zwiebel

1 Apfel

Saft von 1 kleinen Limette

50 cl Weißwein- oder
Apfelessig

120 g Feinzucker

1 TL fein gehackter,
frischer Ingwer

2 EL fein geschnittenes
Koriandergrün

1 Prise Salz

DIESES ORIGINELLE CHUTNEY KÖNNEN SIE AUCH ALS MILDERE VARIAN-
TE ZUBEREITEN, INDEM SIE EINFACH DIE PFEFFERSCHOTE WEGLASSEN.
KOKOSNUSS PASST ZU CURRYGERICHTEN GENAUSO GUT WIE ZU FISCH.

▌ Von der Kokosnuss Schale und braune Haut vollständig entfernen, das
Fruchtfleisch in Stücke schneiden und im Blitzhacker hacken.

▌ Die Pfefferschote halbieren, von Strunk und Samen befreien und fein
schneiden.

▌ Die Zwiebel schälen und hacken. Den Apfel schälen, vierteln, Gehäuse
und Kerne entfernen, Fruchtfleisch ganz klein würfeln. Sofort mit Limetten-
saft beträufeln.

▌ Kokosnuss, Zwiebel, Apfel und Pfefferschote in einen Topf füllen.

▌ Essig und Zucker hinzufügen und unter ständigem Rühren langsam erhitzen. Hat sich der Zucker restlos aufgelöst, Ingwer, Koriander und Salz dazugeben und alles bei ganz niedriger Hitze unter sehr häufigem Rühren mindestens 45 Minuten köcheln lassen.

▌ Sobald die Flüssigkeit nahezu verdampft ist, das Chutney vom Herd nehmen, in Einmachgläser füllen und verschließen.

HALTBARKEIT | trocken und dunkel gelagert 2 Jahre;
im Kühlschrank 6 Monate

ORANGENCHUTNEY

**FÜR 2 EINMACH-
GLÄSER À 350 G**

VORBEREITUNG
45 Min.

KOCHZEIT
45–60 Min.

ZUTATEN
1 große Zwiebel

1 frische kleine rote
Pfefferschote (nach
Belieben)

500 g Orangen

30 cl Weißweinessig

150 g Feinzucker

1 große Prise Salz

1 TL gemahlener Ingwer

1 TL gemahlener Korian-
der

1 TL gemahlener Kreuz-
kümmel

ZU BEGINN DER KOCHZEIT KÖNNEN SIE 100 GRAMM GELBE ROSINEN ODER, NOCH BESSER, ENTSTEINTE, KLEIN GEWÜRFELTE DATTELN DAZUGEBEN.

| Zwiebel schälen und hacken. Die Pfefferschote von Strunk und Samen befreien und in ganz dünne Scheiben schneiden.

| Die Orangenschale mit einem Zestenreißer oder Sparschäler abziehen und grob hacken. Anschließend die weiße Haut vollständig entfernen, die Orangen in Schnitze teilen, dabei gegebenenfalls den Saft auffangen und die Schnitze aus der dünnen Haut herauslösen, die sie umgibt.

| Orangenschalen, -schnitzeln und -saft mit Essig und Zucker, der gehackten Zwiebel, der Pfefferschote, dem Salz und den Gewürzen unter vorsichtigem Umrühren langsam erhitzen, bis sich der Zucker restlos aufgelöst hat.

| Aufkochen und bei niedriger Hitze unter häufigem Rühren köcheln lassen, bis die Mischung eindickt und die Konsistenz von Kompott bekommt.

| Sobald genügend Flüssigkeit verdampft ist, das Chutney in Einmachgläser füllen und diese verschließen.

HALTBARKEIT | trocken und dunkel gelagert 2 Jahre;
im Kühlschrank 6 Monate

WINTER **EINFACH**

ANANAS-RUM-CHUTNEY

**FÜR 2 EINMACH-
GLÄSER À 350 G**

VORBEREITUNG
30 Min.

KOCHZEIT
45 Min. oder länger

ZUTATEN
350 g frisches, vollreifes
Ananasfleisch

1 mittelgroße Zwiebel

1 kleine grüne Pfeffer-
schote (nach Belieben)

20 cl Apfel- oder Weiß-
weinessig

10 cl brauner Rum

Saft von ½ Zitrone

120 g brauner Feinzucker

2 EL fein gehackter,
frischer Ingwer

2 Prisen Cayennepfeffer

1 große Prise Kardamom,
gemahlen

1 große Prise Salz

einige Kardamom-
kapseln

DIE ANANAS GEHÖRT ZU DEN FRÜCHTEN, DIE SICH DURCH KONSERVIEREN AM WENIGSTEN VERÄNDERN. STATT MIT FRISCHER ANANAS LÄSST SICH DIESES CHUTNEY AUCH SEHR GUT MIT IN LEICHTEM, UNGEZUCKERTEM SIRUP EINGELEGTER ANANAS ZUBEREITEN. ZU BEGINN DER KOCHZEIT KÖNNEN SIE 80 GRAMM GROSSE GELBE ROSINEN HINZUFÜGEN.

| Die dicke Schale und die sogenannten Augen aus dem Fruchtfleisch der Ananas sorgfältig entfernen.

| Ananas klein würfeln. Zwiebel schälen und hacken. Die Pfefferschote aufschneiden, von Samen befreien und in dünne Scheiben schneiden.

| Ananas, Pfefferschote und Zwiebel mit Essig, Rum, Zitronensaft und Zucker in einen Topf geben. Gewürze und Salz hinzufügen, alles gut vermengen und unter Rühren langsam erhitzen.

| Sobald sich der Zucker vollständig aufgelöst hat, die Masse aufkochen und mindestens 45 Minuten unter häufigem Rühren sanft köcheln lassen, bis die Flüssigkeit nahezu verdampft ist und die Ananaswürfel zerfallen.

| Masse vom Herd nehmen, einige Kardamomkapseln daruntermischen, in Einmachgläser füllen und diese sofort verschließen.

HALTBARKEIT | trocken und dunkel gelagert 2 Jahre;
im Kühlschrank 6 Monate

CHUTNEY AUS **TROCKENFRÜCHTEN**

ANHAND DER ART DER TROCKENFRÜCHTE UND GEWÜRZE LÄSST SICH DIESES CHUTNEY GANZ LEICHT ABWANDELN; JE NACHDEM, WELCHE FRUCHT DOMINIERT, ERHÄLT ES EINE EIGENE GESCHMACKSNOTE.

FÜR 2 EINMACH-GLÄSER À 350 G

VORBEREITUNG
30 Min.

EINWEICHZEIT
1 Std. (bei sehr trockenen Früchten)

KOCHZEIT
50 Min. oder länger

ZUTATEN
100 g getrocknete Datteln

100 g getrocknete Feigen

100 g getrocknete Aprikosen

60 cl Apfelessig

1 große Zwiebel

2 Äpfel

150 g brauner Rübenzucker

2 Gewürznelken

2 Sternanis

2 Prisen gemahlener Ingwer

1 EL Senfkörner

100 g Walnusskerne

| Besonders trockene Früchte 1 Stunde in siedendem Wasser quellen lassen, dann abseihen. Sind sie bereits mit Wasser angereichert und mürbe, diesen Schritt auslassen. Ganz klein würfeln und mit dem Essig in einen Topf geben.

| Die Zwiebel schälen und hacken. Die Äpfel schälen, vierteln, Gehäuse und Kerne entfernen und Fruchtfleisch klein würfeln. Nach und nach zum Topfinhalt hinzufügen.

| Zucker und Gewürze hinzufügen und gut vermischen. Unter ständigem Rühren langsam erhitzen.

| Sobald sich der Zucker restlos aufgelöst hat, die Mischung kurz aufkochen und unter sehr häufigem Rühren mindestens 45 Minuten kochen lassen, damit sie eindickt.

| Die Walnusskerne im Mörser grob zerstoßen oder im Blitzhacker hacken, in die Mischung rühren und weitere 5 Minuten kochen lassen.

| Chutney vom Herd nehmen, sofort heiß in Einmachgläser abfüllen und verschließen.

HALTBARKEIT | trocken und dunkel gelagert 2 Jahre; im Kühlschrank 6 Monate

MANGO-KORIANDER-CHUTNEY

FÜR 2 EINMACH-GLÄSER Á 350 G

VORBEREITUNG
20 Min.

KOCHZEIT
30–45 Min.

ZUTATEN

1 große Zwiebel

500 g frisches Mangofleisch

2 EL Sonnenblumenöl

25 cl Apfelessig

1 EL gemahlener Koriander

¼ TL gemahlener Ingwer

1 Prise Kurkuma

1 Prise Salz

120 g Feinzucker

VOR DEM SERVIEREN ETWAS KLEIN GESCHNITTENES, FRISCHES KORIANDERGRÜN HINZUFÜGEN UND GUT VERMENGEN. REICHEN SIE DIESES CHUTNEY ZU KALTEM ODER WARMEM WEISSEN FLEISCH, ZU EINEM CURRYGERICHT ODER ABER ZU GEGRILLTEM ODER GEBRATENEM FISCH.

| Die Zwiebel schälen und fein hacken. Mangofruchtfleisch klein würfeln.

| Zwiebel in einem Topf bei ganz niedriger Hitze in dem Öl weich und glasig anschwitzen.

| Mangowürfel, Essig, Koriander, Ingwer, Kurkuma, Salz hinzufügen, alles gut vermengen. Zucker dazugeben. Unter Rühren langsam erhitzen, damit er sich auflöst, dann die Masse aufkochen. Bei niedriger Hitze unter häufigem Rühren so lange köcheln lassen, bis die Flüssigkeit vollständig verdampft ist.

| Hat die Masse die Konsistenz eines dickflüssigen Kompotts erreicht, Chutney vom Herd nehmen, sofort heiß in Einmachgläser füllen und verschließen.

HALTBARKEIT | trocken und dunkel gelagert 2 Jahre; im Kühlschrank 6 Monate

KIWIKONFITÜRE

IN FRANKREICH PRODUZIERTE KIWIS KOMMEN IM WINTER AB MITTE DEZEMBER AUF DEN MARKT. MIT IMPORTIERTEN FRÜCHTEN, VOR ALLEM AUS NEUSEELAND, KANN MAN DIESE KONFITÜRE ABER DAS GANZE JAHR ÜBER ZUBEREITEN.

FÜR 4–5 EINMACH-GLÄSER À 375 G

VORBEREITUNG (INKL. KOCHZEIT)
30 Min.

ZUTATEN
15 cl frischer Apfelsaft

Saft von 2 kleinen Zitronen

1,2 kg reife, aber feste Kiwis (ergibt geschält 1 kg)

800 g Kristallzucker

35 cl Apfel- oder Weißweinessig

| Apfel- und Zitronensaft in eine Schüssel gießen. Die Kiwis dünn schälen und klein würfeln. Nach und nach zu dem Apfel-Zitronen-Saft geben und vorsichtig umrühren.

| Den Zucker mit dem Essig in einem Marmeladentopf unter regelmäßigem Rühren langsam erhitzen. Sobald er sich restlos aufgelöst hat, den gewonnenen Sirup aufkochen und bis auf 115 °C erhitzen.

| Für die Gelierprobe etwas Konfitüre auf einen kalten Teller geben oder ein Zuckerthermometer verwenden, dann vom Herd nehmen und nochmals abschäumen. Die heiße Konfitüre in die Einmachgläser füllen. Sofort verschließen und zum Abkühlen auf den Kopf stellen.

HALTBARKEIT | trocken und dunkel gelagert 2 Jahre;
im Kühlschrank 6 Monate

ANANAS-**GRAPEFRUIT**-KONFITÜRE

FÜR 3–4 EINMACH-
GLÄSER À 375 G

VORBEREITUNG (INKL. KOCHZEIT
30 Min.

ZUTATEN
1,8 kg frische, vollreife
Ananas (ergibt geschält
1 kg)

40 cl Saft und Kerne von
1 Grapefruit

900 g Kristallzucker

Saft von 1 kleinen Zitrone

DIESE KONFITÜRE SIEHT SCHÖN AUS, SCHMECKT KÖSTLICH UND IST SAISONAL UNABHÄNGIG. FÜR EINE NOCH KREATIVERE VARIANTE KÖNNEN SIE VOR DEM KOCHVORGANG 1 ESSLÖFFEL ROSA PFEFFER HINZUFÜGEN, DER DER KONFITÜRE EINE LEICHTE, FRUCHTIG SÜSSE SCHÄRFE VERLEIHT.

| Ananas schälen, dabei die sogenannten Augen entfernen. Fruchtfleisch in Viertel schneiden und die holzigen Mittelteile entfernen. Jedes Viertel in ziemlich dünne Scheiben schneiden.

| Den Grapefruitsaft mit Zucker in einem Marmeladentopf unter regelmäßigem Rühren langsam erhitzen. Sobald sich der Zucker restlos aufgelöst hat, die Masse aufkochen und diesen Sirup auf 110 °C erhitzen (die Temperatur mithilfe eines Zuckerthermometers überprüfen).

| Die Grapefruitkerne in ein quadratisches Stück Musselin einwickeln und in den Sirup legen.

| Ananas und Zitronensaft hinzufügen, vermengen und nochmals aufkochen. Unter häufigem Rühren sprudelnd kochen lassen, bis die Früchte weich und glasig sind und der Sirup dickflüssig ist. Das Musselinsäckchen mit den Kernen aus dem Sirup nehmen.

| Für die Gelierprobe etwas Konfitüre auf einen kalten Teller geben oder das Zuckerthermometer verwenden. Anschließend die Masse vom Herd nehmen und abschäumen. In Einmachgläser füllen, diese verschließen und zum Abkühlen auf den Kopf stellen.

HALTBARKEIT | trocken und dunkel gelagert 2 Jahre;
im Kühlschrank 6 Monate

KOKOSNUSS-KONFITÜRE

FÜR 3–4 EINMACH-GLÄSER À 375 G

VORBEREITUNG (INKL. KOCHZEIT)
40 Min.

ZUTATEN
1 frische Kokosnuss
(ergibt 400 g Fruchtfleisch)

1 Vanilleschote

500 g Kristallzucker

fein geriebene Schale von
1 Limette

JE NACH GEWÜNSCHTER KONSISTENZ KÖNNEN SIE DIE KONFITÜRE NOCH VOR DEM ABFÜLLEN DIREKT IM MARMELADENTOPF MIT DEM STABMIXER PÜRIEREN.

| Die Kokosnuss mit wenigen Hammerschlägen aufbrechen und die Milch auffangen. Das Fruchtfleisch von der Schale lösen und die dünne braune Haut, mit der es überzogen ist, entfernen. Das Fruchtfleisch in Stücke schneiden und im Blitzhacker zerkleinern.

| Die Vanilleschote der Länge nach halbieren, jede Hälfte ein weiteres Mal halbieren.

| Die aufgefangene Kokosmilch abmessen und mit etwas Wasser auf insgesamt 60 cl auffüllen. Mit dem Zucker in einen Marmeladentopf geben und unter regelmäßigem Rühren langsam erhitzen, damit sich der Zucker auflöst. Dann köcheln lassen.

| Vanilleschote, Limettenschale und Kokosnuss hinzufügen und unter fortwährendem Rühren so lange köcheln lassen, bis die Masse eindickt und das Fruchtfleisch glasig wird.

| Für die Gelierprobe etwas Konfitüre auf einen kalten Teller geben oder ein Zuckerthermometer verwenden. Topf vom Herd nehmen. Die Vanilleschoten auf die Gläser verteilen, diese mit der Konfitüre füllen, sofort verschließen und zum Abkühlen auf den Kopf stellen.

HALTBARKEIT | trocken und dunkel gelagert 2 Jahre;
im Kühlschrank 6 Monate

KONFITÜRE AUS **SÜSSEN ORANGEN**

**FÜR 3–4 EINMACH-
GLÄSER À 375 G**

VORBEREITUNG (INKL. KOCHZEIT)
45 Min.

ZUTATEN
1 ½ kg süße unbehan-
delte Orangen (ergibt
1 kg Fruchtfleisch und
Saft)

etwa 800 g Kristallzucker

Saft von 1 kleinen Zitrone

DIE RÜCKSTÄNDE DER SPRITZMITTEL, MIT DENEN DIE ORANGENBÄUME BEHANDELT WERDEN, SETZEN SICH AUF DER FRUCHTSCHALE FEST. KAUFEN SIE DESHALB IMMER UNBEHANDELTE ORANGEN, FALLS SIE DIE SCHALE MITVERWENDEN MÖCHTEN.

| Orangen gründlich waschen und abbürsten. Die Schale mit einem Spar-schäler abziehen und in lange, dünne Streifen schneiden. 1 Minute in einen Topf mit heißem Wasser tauchen, dann abtropfen lassen. Den Vorgang ein zweites Mal wiederholen und Schalen beiseitestellen.

| Alle Orangen mitsamt der weißen Haut über einer Schüssel schälen, um den Saft aufzufangen. Anschließend die Trennhäute, die die Orangenspal-ten umgeben, mit einem feinen Messer entfernen und die Orangenfilets nach und nach in die Schüssel geben. Die Trennhäute mit der Hand aus-drücken, damit noch mehr Saft austritt. Die Kerne in ein quadratisches Stück Musselin einwickeln.

| Die Fruchtfleisch-Saft-Mischung abmessen und pro 100 g Saft 80 g Zucker abwiegen. Saft, Zucker, die blanchierten Schalen, den Zitronensaft und das Säckchen mit den Kernen in einen Marmeladentopf geben und ganz lang-sam erhitzen. Kurz aufkochen und so lange kochen lassen, bis der Sirup eingedickt ist. Von Zeit zu Zeit ganz vorsichtig umrühren, damit die Oran-genfilets möglichst ganz bleiben.

| Für die Gelierprobe etwas Konfitüre auf einen kalten Teller geben oder ein Zuckerthermometer verwenden. Vom Herd nehmen, das Säckchen mit den Kernen herausnehmen und die Konfitüre sorgfältig abschäumen. In Gläser füllen, sofort verschließen und zum Abkühlen auf den Kopf stellen.

HALTBARKEIT | trocken und dunkel gelagert 2 Jahre;
im Kühlschrank 6 Monate

WINTER

MANGO-LIMETTEN-KONFITÜRE

FÜR 3–4 EINMACH-GLÄSER À 375 G

VORBEREITUNG (INKL. KOCHZEIT)
30 Min.

ZIEHZEIT
3 Std.

ZUTATEN
Schale, Saft und Kerne
von 2 Limetten

Saft und Kerne von
1 kleinen Zitrone

1,4 kg reife, aber feste
Mangos (ergibt geschält
und entkernt 1 kg)

800 g Kristallzucker

MANGOS PASSEN WUNDERBAR ZU GEWÜRZEN ... DA MACHT DIESE KONFITÜRE KEINE AUSNAHME! FÜGEN SIE GEGEN ENDE DER KOCHZEIT BEISPIELSWEISE 1-2 TEELÖFFEL GEMAHLENEN KORIANDER HINZU.

| Die Limetten waschen und abtrocknen. Schale dünn abziehen und in dünne Streifen schneiden. 1 Minute in kochendem Wasser blanchieren, abtropfen lassen und den Vorgang ein zweites Mal wiederholen.

| Zitrone und Limetten auspressen und den Saft filtern. Kerne in ein quadratisches Stück Musselin einwickeln.

| Die Mangos dünn schälen, den Kern entfernen und das Fruchtfleisch würfeln. Mit Zucker, Zitronen- und Limettensaft, -schalen und Kernsäckchen sofort in eine Terrine geben. Vorsichtig vermengen, direkt mit Backpapier belegen und 3 Stunden im Kühlschrank ziehen lassen. Gelegentlich umrühren, damit sich der Zucker vollständig auflöst.

| Die Masse durch ein Sieb in einen Marmeladentopf gießen und den Saft abtropfen lassen. Früchte beiseitestellen.

| Den Sirup langsam aufkochen und auf 110 °C erhitzen (Temperatur mithilfe eines Zuckerthermometers überprüfen).

| Die Mangowürfel hinzufügen, vermengen und nochmals aufkochen. Unter regelmäßigem Rühren kochen lassen, bis die Früchte vollständig bedeckt sind und der Sirup eingedickt ist.

| Für die Gelierprobe etwas Konfitüre auf einen kalten Teller geben oder das Zuckerthermometer verwenden. Konfitüre vom Herd nehmen, das Säckchen herausnehmen und die Oberfläche sorgfältig abschäumen. In Gläser füllen, diese sofort verschließen und zum Abkühlen auf den Kopf stellen.

HALTBARKEIT | trocken und dunkel gelagert 2 Jahre;
im Kühlschrank 6 Monate

131

ESSKASTANIENKONFITÜRE MIT VANILLE-AROMA

FÜR 4 EINMACH-GLÄSER À ETWA 375 G

VORBEREITUNG (INKL. KOCHZEIT)
1,5 Std.

ZUTATEN
1,2 kg Esskastanien (ergibt geschält 800 g)

1 Vanilleschote

600 g Kristallzucker

WENN SIE SICH DAS ETWAS LÄSTIGE SCHÄLEN ERSPAREN MÖCHTEN, KÖNNEN SIE DIE GLEICHE MENGE TK-MARONI NEHMEN.

| Schale und Haut der Kastanien mit einem Messer einritzen. 5 Minuten in einen Topf mit heißem Wasser geben, abtropfen lassen, noch heiß schälen und auch die Haut sorgfältig entfernen.

| Kastanien in den Topf geben und mit kaltem Wasser bedeckt nochmals aufkochen. 45 Minuten köcheln lassen, bis sie auf Druck nachgeben. Abseihen, mit einer Gabel grob zerdrücken oder durch ein Passiergerät mit feinmaschigem Einsatz drehen. Beiseitestellen.

| Die Vanilleschote der Länge nach aufschneiden und beide Hälften nochmals halbieren.

| Den Zucker mit 30 cl Wasser in einem Marmeladentopf unter regelmäßigem Rühren erhitzen, bis er sich komplett aufgelöst hat. Die Vanilleschote hinzufügen, den Sirup zum Kochen bringen und 3 Minuten sprudelnd kochen lassen.

| Das Kastanienpüree hinzufügen, verrühren und bei mittlerer Temperatur und unter fortwährendem Rühren so lange kochen lassen, bis die Konfitüre eindickt.

| Für die Gelierprobe etwas Konfitüre auf einen kalten Teller geben oder ein Zuckerthermomater verwenden. Topf vom Herd nehmen. Die Vanilleschoten auf die Gläser verteilen, diese mit der heißen Konfitüre füllen, sofort verschließen und zum Abkühlen auf den Kopf stellen.

HALTBARKEIT | trocken und dunkel gelagert 2 Jahre;
im Kühlschrank 6 Monate

LEMONCURD

FÜR 2 EINMACH-
GLÄSER À ETWA 375 G

VORBEREITUNG
45 Min.

ZUTATEN
75 g Butter

2 Eier

4 große unbehandelte Zitronen

200 g Kristallzucker

DIESE MARMELADE AUS GROSSBRITANNIEN HÄLT IM KÜHLSCHRANK 1 MONAT. FÜR DIESES REZEPT EIGNEN SICH AUCH ANDERE ZITRUS-FRÜCHTE, BEISPIELSWEISE GRAPEFRUITS UND ORANGEN.

| Butter in Stücke schneiden und bei Raumtemperatur weich werden lassen. Die Eier in einer Schüssel aufschlagen und verschlagen. Beiseitestellen.

| Die Zitronen gründlich waschen und abbürsten. Die Schale mit einem Sparschäler dünn abziehen und klein hacken oder die ganzen Früchte mit einer feinen Raspel abreiben. Zitronen in Hälften schneiden und auspressen. Den aufgefangenen Saft filtern. Gegebenenfalls noch 1 Zitrone mehr nehmen, damit der Saft 20 cl ergibt.

| Die Schalen 1 Minute in kochendes Wasser legen, dann abtropfen lassen.

| Den Zucker in einem rostfreien Topf mit dickem Boden zusammen mit Zitronensaft und -schalen unter regelmäßigem Rühren langsam erhitzen, bis er sich restlos aufgelöst hat. Die Butter hinzufügen und bei ebenfalls niedriger Hitze zerlassen.

| Den Topf in ein Wasserbad mit mittlerer Temperatur stellen. Die verschlagenen Eier durch ein feinmaschiges Sieb unter fortwährendem Rühren langsam in die Masse gleiten lassen und darauf achten, dass diese nicht zu sprudeln beginnt. Den Topfinhalt erhitzen, bis die Mischung eindickt und den Rührlöffel überzieht.

| Topf aus dem Wasserbad nehmen, Konfitüre sofort in Gläser füllen, diese verschließen und zum Abkühlen auf den Kopf stellen.

HALTBARKEIT | im Kühlschrank 1 Monat

RUMFRÜCHTE

FÜR 2 EINMACH-GLÄSER À 35 CL

VORBEREITUNG
15 Min.

KOCHZEIT
5 Min.

ZIEHZEIT
2 Tage

ZUTATEN
200g getrocknete Aprikosen

200g entsteinte getrocknete Pflaumen

100g Feinzucker

1 cm Zitronenschale

50cl brauner Rum

10cl weißer Rum

150g braune Rosinen

100g gelbe Rosinen

DA FÜR DIESES REZEPT VIELE TROCKENFRÜCHTE GEEIGNET SIND, KÖNNEN SIE SICH IHRE EIGENE MISCHUNG ZUSAMMENSTELLEN. IN VERBINDUNG MIT VANILLEEIS ERGIBT DAS EINEN KÖSTLICHEN NACHTISCH. GUT ABGETROPFT, KÖNNEN SIE DIE FRÜCHTE AUCH ANSTELLE VON KANDIERTEN FRÜCHTEN FÜR EINEN KUCHEN VERWENDEN.

| Aprikosen und Pflaumen in rosinengroße Würfel schneiden.

| Zucker, 10 cl Wasser und die Zitronenschale in einem Topf unter gelegentlichem Rühren langsam erhitzen, bis er sich vollständig aufgelöst hat. 5 Minuten kochen lassen.

| Braunen und weißen Rum sowie alle Früchte hinzufügen und bei ganz niedriger Hitze nochmals aufwallen lassen.

| Herd ausschalten und die Masse zugedeckt abkühlen lassen.

| Die Zitronenschale herausnehmen, Mischung in Gläser füllen und verschließen. Vor dem Öffnen mindestens 2 Tage ziehen lassen.

HALTBARKEIT | im Kühlschrank 3–4 Wochen

WINTER **EINFACH**

ORANGENWEIN

FÜR 8 FLASCHEN À 75 CL

VORBEREITUNG
30 Min.

ZIEHZEIT
1 Woche + 6 Wochen
+ 2 Wochen

ZUTATEN
6 schöne Bitterorangen

1 Zitrone

5 l guten Weißwein
(12 % vol.)

1 ½ kg Puder- oder Kristallzucker

1 Vanilleschote

50 cl klarer Schnaps
(40 % vol.)

| Orangen und die Zitrone unter kaltem Wasser abbürsten, sorgfältig abtrocknen, in Stücke schneiden und in große Einmachgläser legen.

| Mit Wein übergießen und die Gläser luftdicht verschließen. Kühl und dunkel 1 Woche ziehen lassen.

| Nach 1 Woche Zucker, die der Länge nach aufgeschnittene Vanilleschote und Schnaps hinzufügen. Gut umrühren, Gläser wieder schließen und weitere 6 Wochen ziehen lassen.

| Die Mischung durch ein Trichtersieb filtern, in Flaschen abfüllen und verschließen. Vor dem Öffnen noch 2 Wochen ruhen lassen.

HALTBARKEIT | mehrere Jahre

PROVENZALISCHER **VIN DE DAMES**

FÜR ETWA 1 L

VORBEREITUNG
20 Min.

ZIEHZEIT
1 Monat + 2 Wochen

ZUTATEN
3 unbehandelte süße Orangen

1 Gewürznelke

75 cl guter Rotwein

15 cl klarer Schnaps
(40 % vol.)

100 g Blütenhonig

| Orangen unter kaltem Wasser abbürsten, dann sorgfältig abtrocknen. Jede Frucht über einem großen Einmachglas achteln, um den Saft aufzufangen. Die Gewürznelke in eine der Orangenspalten stecken.

| Die Orangenspalten ins Glas füllen, mit Rotwein übergießen und das Glas luftdicht verschließen. Kühl und dunkel 1 Monat ziehen lassen.

| Die Mischung durch ein Trichtersieb filtern. Schnaps und Honig hinzufügen und so lange rühren, bis er sich aufgelöst hat. Wein in Flaschen abfüllen, luftdicht verschließen und vor dem Öffnen noch 2 Wochen ruhen lassen.

HALTBARKEIT | mehrere Jahre

FÜR 2 FLASCHEN
À 75 CL

VORBEREITUNG
30 Min.

TROCKENZEIT
2 Std.

ZIEHZEIT
4 Wochen

ZUTATEN
5 unbehandelte Orangen

1 Zimtstange

1 Vanilleschote

1 große Prise gemahlene
Muskatnuss

1 Gewürznelke

1 Sternanis

1 l weißer Rum,
z. B. Agricole

50 cl Zuckerrohrsirup

WEIHNACHTS-SHRUBB (RHUM ARRANGÉ VON DEN ANTILLEN)

| Den Backofen auf 60 °C (Umluft 40 °C) vorheizen. Die Orangen unter kaltem Wasser abbürsten, dann abtrocknen. Die Schale mit einem Sparschäler dünn abziehen, ohne die weiße Haut zu beschädigen. Schalen auf ein Backblech legen und im Backofen etwa 2 Stunden trocknen lassen.

| Die getrockneten Schalen mit allen Gewürzen in ein Einmachglas füllen und mit Rum bedecken. Das Glas luftdicht verschließen und in die pralle Sonne (vor einem Fenster) stellen. 1 Monat ziehen lassen, dabei das Glas regelmäßig eine Viertelumdrehung weiterdrehen.

| Die Zubereitung durch ein Trichtersieb filtern. Den Zuckerrohrsirup gut damit vermengen. In Flaschen abfüllen, in jede eine halbe Zimtstange und eine halbe, aufgeschnittene Vanilleschote geben, dann verschließen.

HALTBARKEIT | mehrere Jahre

FÜR 2 FLASCHEN
À 75 CL

VORBEREITUNG
30 Min.

KOCHZEIT
3 Min.

ZIEHZEIT
3 Wochen + 1 Woche

ZUTATEN
4 unbehandelte Orangen

4 unbehandelte Mandarinen

1 Vanilleschote

1,2 l Schnaps (40 % vol.)

800 g Puder- oder Kristallzucker

ORANGEN-MANDARINEN-LIKÖR

| Orangen und Mandarinen unter kaltem Wasser abspülen, abtrocknen. Die Schale mit einem Sparschäler dünn abziehen, ohne die weiße Haut zu beschädigen.

| Die Schalen mit der Vanilleschote und dem Schnaps in ein Einmachglas geben, luftdicht verschließen und 3 Wochen an einem hellen Ort ziehen lassen. Das Glas mehrmals drehen.

| Den Zucker mit 5 cl Wasser langsam erhitzen und auflösen. Diesen Sirup in das Einmachglas gießen und gut mit dem Inhalt verrühren. Noch 1 Woche ziehen lassen.

| Durch ein Trichtersieb filtern und in Flaschen abfüllen. In jede Flasche eine halbe aufgeschnittene Vanilleschote geben und verschließen.

HALTBARKEIT | mehrere Jahre

NÜTZLICHE **EINMACH-TECHNIKEN**

Ganz gleich, welches Rezept – Konfitüren, Chutney oder eine andere Konservierungsart im Einmachglas – die oberste Regel lautet: Verwenden Sie nur reifes, unbeschädigtes Obst oder Gemüse. Pflücken oder kaufen Sie immer mit Bedacht. Für einwandfrei Eingemachtes ist das Beste gerade gut genug.

Aufbewahrung: Immer kühl, dunkel und trocken.

HALTBARMACHEN VON KONFITÜRE

Während des Kochvorgangs verdampft das Vegetationswasser der Früchte und wird durch den Zucker ersetzt, der sie nach und nach durchdringt, kandieren lässt und somit haltbar macht. Ideal ist, wenn die Zuckermenge am Ende des Kochvorgangs 65 % des Gewichts der Konfitüre ausmacht. Je nach Sorte, Säuregehalt und Reifegrad der Früchte wird dieses Gleichgewicht erreicht, indem man zu den sorgfältig zubereiteten Früchten die gleiche Menge Zucker hinzufügt.

| Die Einmachgläser sofort nach Ende des Kochvorgangs mit der noch flüssigen, heißen Konfitüre füllen.

| Randvoll füllen, denn die Konfitüre verliert beim Abkühlen an Volumen.

| Den Rand der Gläser sorgfältig abwischen und sie sofort verschließen.

| Das Gefäß sofort zum Abkühlen auf den Kopf stellen.

Die richtigen Mengenverhältnisse sind der Garant dafür, dass Ihre Konfitüren so haltbar bleiben, wie Sie sie abgefüllt haben. Eine Konfitüre, die nur wenig Zucker enthält oder aufgrund zu wenig Pektins zu flüssig ist, können Sie durch Sterilisieren haltbar machen.

HALTBARKEIT VON CHUTNEYS

Chutneys sind süßsaure Konfitüren, die lange geköchelt werden und durch eine Kombination aus Essig und Zucker haltbar gemacht werden. Die Chutneymasse muss lange genug gekocht werden, damit die darin enthaltene Flüssigkeit restlos verdampfen kann.

| Füllen Sie Chutneys in kleine Gläser, denn als Würzen werden sie in kleinen Mengen konsumiert.

| Das gefüllte Glas mehrmals auf die Arbeitsfläche klopfen, damit Luftblasen nach oben steigen.

| Glas verschließen; luftdichtes Verschließen ist nicht unbedingt erforderlich.

HALTBARMACHEN MIT ESSIG

Essig wird vor allem in Asien häufig zum Haltbarmachen verwendet. Wahlweise setzt man ihm Zucker oder Salz zu.

Je reiner der Essig ist, desto länger die Haltbarkeitsdauer.

| Obst und Gemüse vorbereiten und, wie im Rezept beschrieben, in das Einmachglas füllen.

| Zwischen Obst bzw. Gemüse und dem Rand des Glases immer mindestens 1 cm Platz lassen. Flaschen bis 3 cm unter den Rand füllen.

| Nicht zu viel Einmachgut einfüllen, damit der Essig sich gut zwischen den einzelnen Zutatenschichten verteilen kann.

| Glasinhalt vollständig mit Essig übergießen. Sollte dieser sich verflüchtigen, neu aufgießen, damit Obst oder Gemüse immer bedeckt sind.

| Glas nach dem Befüllen auf die Arbeitsfläche klopfen, damit die Luftblasen nach oben steigen.

| Essigresistente Twist-off-Deckel und für Flaschen/Flakons Korken oder Plastikstöpsel verwenden.

NÜTZLICHE **EINMACH-TECHNIKEN**

HALTBARMACHEN MIT ÖL

Öl ist kein richtiges Produkt zum Haltbarmachen, doch da es die Lebensmittel von der Luftzufuhr abschneidet, bleiben sie etwas länger essbar.

Wählen Sie die Ölsorte je nach Aroma, damit sie gut zum vorbereiteten Gemüse passt: beispielsweise Olivenöl zu getrockneten Tomaten.

❙ Zuerst das Gemüse behandeln: Kochen, falls so im Rezept beschrieben, oder trocknen, um ihm Feuchtigkeit zu entziehen.

❙ Gut mit Öl bedecken und marinieren lassen.

❙ Die Gläser immer lichtgeschützt lagern, denn Öl wird schnell ranzig.

Das Öl nimmt das auf, womit man es kombiniert: Heben Sie das Öl aus den Einmachgläsern auf und verwenden Sie es für andere Gerichte oder zum Würzen von Salaten.

STERILISIEREN

Zum Konservieren von Konfitüren mit niedrigem Zuckergehalt oder für längere Aufbewahrung können Sie sie auch in kleinen Mengen sterilisieren. Ein Schnellkochtopf oder ein einfacher Kochtopf sind dafür perfekt geeignet.

Verwenden Sie spezielle Einmachgläser mit luftdicht verschließbarem Deckel und Gummiring oder speziellem Verschluss. Diese Gläser können Sie mehrere Jahre lang benutzen, die Gummiringe müssen Sie jedoch unbedingt bei jedem Neueinsatz austauschen.

❙ Die Gläser bis zur angegebenen Höhe befüllen oder 1 bis 2 cm Luft lassen. Luftblasen durch Aufstoßen der Gläser beseitigen.

❙ Den Glasrand sorgfältig mit einem trockenen Tuch abwischen und den Deckel oder den Verschluss sofort anbringen. Luftdicht verschließen.

❙ Die Gläser in den Einsatz des Schnellkochtopfs oder dicht nebeneinander auf ein Gitter auf dem Topfboden stellen. Mit einem Tuch umwickeln, damit sie sich nicht berühren.

❙ Den Schnellkochtopf zu einem Drittel bzw. den Kochtopf auf Höhe des Glasinhalts mit Wasser füllen, die Deckel müssen frei bleiben.

❙ Schnellkochtopf langsam unter Druck setzen bzw. Wasser im Topf erhitzen. Die Sterilisierzeit beginnt, sobald das Schnellkochtopfventil pfeift bzw. das Wasser im Topf sprudelnd kocht.

❙ Gläser aus dem Wasser nehmen und auf einem Tuch abkühlen lassen, ohne sie zu bewegen.

❙ Lichtgeschützt, kühl und trocken aufbewahren.

Berechnen Sie bei bereits gekochtem Einmachgut für den Sterilisiervorgang je nach Größe der Gläser 30 Minuten bis 1 Stunde ein. Erfolgt der Kochvorgang während des Sterilisierens, beachten Sie die im Rezept angegebene Zeit.

Um in einem Kochtopf die Siedetemperatur zu erhöhen und ein richtiges Sterilisieren zu gewährleisten, fügen Sie pro Liter Wasser bis zu 300 g Salz hinzu.

Falls sich der Glasdeckel nach dem Abkühlen löst, sollten Sie das Glas unbedingt noch einmal mit einem neuen Gummiring sterilisieren oder es in kaltes Wasser stellen und den Inhalt in den nächsten Tagen verzehren.

JAHRESZEITENKALENDER

OBST UND GEMÜSE	FRÜHLING	SOMMER	HERBST	WINTER
Ananas	✔	✔	✔	✔
Äpfel	✔	✔	✔✔	✔
Aprikosen		✔		
Artischocken	✔	✔✔		
Auberginen		✔		
Bananen	✔	✔	✔	✔
Birnen		✔	✔✔	✔
Brombeeren		✔		
Cassis		✔		
Clementinen			✔	✔
Cornichos			✔	
Erdbeeren	✔	✔✔		
Feigen		✔	✔	
Granatäpfel			✔	✔
Grapefruits	✔	✔	✔	✔
Himbeeren	✔	✔✔		
Hookaidokürbis		✔	✔✔	✔
Honigmelonen	✔	✔✔	✔	
Kastanien			✔✔	✔
Kirschen	✔	✔		
Kiwis	✔	✔	✔	✔
Mandarinen			✔	✔
Mangos	✔	✔	✔	✔
Mirabellen		✔		
Möhren	✔✔	✔✔	✔	✔
Nektarinen		✔		
Orangen	✔	✔	✔	✔✔
Paprika		✔		
Pfirsiche		✔		
Quitten			✔	
Reineclauden		✔		
Rhabarber	✔	✔		
Rote Johannisbeeren		✔		
Salatgurken	✔	✔		
Spargel	✔			
Tomaten	✔	✔✔		
Trauben		✔	✔	
Walnüsse		✔	✔	
Zitronen	✔	✔	✔	✔
Zucchini		✔✔	✔	
Zwetschgen		✔	✔	

REGISTER

Bibliografische Information der Deutschen Bibliothek.

Die Deutsche Bibliothek verzeichnet diese Publikation in der deutschen Nationalbibliografie.

Detaillierte bibliografische Daten sind im Internet über http://www.dnb.de/ abrufbar.

EIN BUCH DER EDITION MICHAEL FISCHER

1. Auflage 2014

Alle Rechte der deutschsprachigen Ausgabe bei
© Edition Michael Fischer GmbH, Igling
© 2014 Éditions Solar, Paris

Bildnachweis

© Bernard Radvaner : pp. 11, 15, 17, 21, 23, 43, 45, 49, 51, 55, 57, 59, 81, 85, 87, 91, 93, 111, 113, 121
© Amélie Roche / Alexia Janny : pp. 9, 37, 79, 117, 119, 137 ;
© Eric Fénot / Delphine Brunet : pp. 27, 29, 33, 63, 65, 67, 71, 97, 99, 103, 105, 125, 127, 129, 133, 135 ;
© Guillaume Czerw / Sophie Dupuis Gaulier : pp. 35, 75, 109.

Erstveröffentlicht bei Éditions Solar, Paris

Titel der Originalausgabe: La petite conserverie du fait-maison

Aus dem Französischen übertragen von Susanne Lötscher, Zollikofen
Satz: Friederike Winter
Lektorat: Dr. Friederike Spieth-Stern, München

ISBN 978-3-86355-267-1

Printed in China

www.emf-verlag.de